심리학으로 말하다

중독

심리학으로 말하다
중독

초판 1쇄 발행 | 2022년 4월 20일

지은이 | 제니 스반베르그
옮긴이 | 신영경
펴낸이 | 조승식
펴낸곳 | 돌배나무
공급처 | 북스힐
등록 | 제2019-000003호
주소 | 01043 서울시 강북구 한천로 153길 17
전화 | 02-994-0071
팩스 | 02-994-0073
홈페이지 | www.bookshill.com
이메일 | bookshill@bookshill.com

ISBN 979-11-90855-14-3
979-11-90855-00-6 (세트)
정가 13,500원

• 이 도서는 돌배나무에서 출판된 책으로 북스힐에서 공급합니다.
• 잘못된 책은 구입하신 서점에서 교환해 드립니다.

심리학으로 말하다 14

ADDICTION

중독

Jenny Svanberg | **신영경** 옮김

제니 스반베르그 Jenny Svanberg는 상담 전문 임상 심리학자로 영국의 국가보건서비스NHS에서 마약과 알코올 의존증을 가진 사람들을 수년간 상담한 임상 경력을 가지고 있다.

신영경은 이화여자대학교 영어영문학과를 졸업했다. 10여 년간의 해외 생활 후 동 대학교 통·번역대학원 한영번역학과를 졸업했으며, 이화여자대학교 통·번역연구소 번역 연구원으로 일하고 있다. 역서로는 '심리학으로 말하다' 시리즈 『음모론』, 『은퇴』 외에 『인포그래픽 데이비드 보위』, 『인포그래픽 모네』, 『핫 시트』, 『블루 마인드』가 있다.

포스 밸리 회복 공동체와 '드림 팀'에게,
함께했던 수다와 케이크, 영감에 대해 감사를 전하며

중독에 대한 일반적 생각, 그리고 진실

중독에 대해서는 여러 설이 분분하지만 대부분은 서로 의견이 일치하지 않는다. 중독은 질병일까 아니면 도덕적 허점일까? 약물 사용으로 나타난 불가피한 결과일까 아니면 개인의 선택일까? 약물 중독이 문제가 된다면 도박, 섹스, 쇼핑, 운동, 게임, 음식, 부, 권력 중독은 어떨까? 이런 것도 진짜 중독일까? 약물이 문제라면 왜 약물을 사용한 모든 사람이 중독되지 않는 것일까? 중독에 빠지기 쉬운 성격이 따로 있을까?

그 어떤 경우든 중독이 심각한 문제라는 것은 의심할 여지가 없다. 약물 사용이 줄어들고는 있지만 현재 영국 내 약물로 인한 사망자 수는 사상 최고 수준으로 전 유럽 평균치의 약 세 배에 달한다(유럽 약물 중독 감시 센터, 2017b). 또한 약물 남용은 미국 내 사고사의 원인 중 으뜸을 차지하며(영국 질병 관리 본부, 2011) 계속해서 증가하고 있다. 미국에서는 모르핀계 약물 처방의 확산뿐만 아니라 고지방식 중독으로 인한 비만도 증가 일로에 있다. 영국도 이에 못지 않아서 서유럽에서 비만율이 가장 높다(영국 의료 연구자선 협회, 2013). 문제가 있는 약물 사용과 음주 또한 중독만큼 해로울 수 있다. 영국의 전체 폭력 사건 절반 정도가 음주와 관련이 있으며, 16세에서 24세 사이에 사망한 젊은이 네 명 중 한 명의 사인은 알코올이었다(영국 공중 보건 기구, 2014). 중독과 문제가 되는 약물 사용으로 인한 비용은 통계 자료에 의해 충분히 입증되지만, 이러한 통계 너머에 숨어 있는 개인 차원에서 발생하는 비용과 비극은 일일이 헤아리기 힘들 정도로 막대하다. 영국과 미국에서 중독과 해로운 약물 사용, 음주를 예방하기 위해 투입된 수십억 달러의 비용은 전혀 효과를 거두지 못하는 것으로 보인다. 따라서 현재 우리가 접근하는 방식이 잘못된 것은 아닌지 생각해 볼 때가 되었다.

『중독: 심리학으로 말하다』는 중독과 중독적 행동에 관한 여러 상충되는 의문과 믿음을 바로잡기 위한 시도이며, 전체 장을 통해 이와 관련된 주제를 몇 가지 살펴보게 될 것이다. 중독은 도덕적 실패나 개인의 도덕적 선택이 아니다. 현재 중독을 유전적 취약성으로 인해 나타나는 뇌 질환으로 보는 질병 (또는 의학적) 모델이 가장 잘 알려져 있다. 하지만 이 모델에는 몇 가지 중대한 결함이 있다. 중독을 질병으로 보는 것은 너무 제한적인 접근이며 1장에서 이에 대해 좀 더 자세히 다룰 것이다. 또한 약물 사용은 약물 중독과는 별개이다. 이는 다른 중독적 행동과 관련해서도 마찬가지이다. 중독적 행동은 일반적인 인간 행동 범위의 반대쪽 끝에 위치한다. 하지만 중독이 형성되는 과정은 생존에 중요한 것을 파악하고, 이를 추구하기 위해 우리 모두가 거치는 과정과 똑같다. 일단 중독이 생기면, 이러한 습관들이 점점 깊이 뿌리를 내리고 과대평가되어 삶에서 예전에 중요하던 다른 부분을 밀어내기 시작한다. 이는 중독의 대상이 약물이건, 알코올이건, 컴퓨터 게임이건, 일이건 상관없이 일어난다. 우리의 뇌는 습관을 생성하도록 설계되어 있다. 그중에서도 가장 뿌리 깊은 습관들은 소속, 안전과 안정, 통제와 자율, 극심한 고통으로부터의 해방과 같이 기본적인 감정 욕구와 관련된 것이다. 중독은 티베트 불교의 '배고픈 유령'처럼 결국에는 절대 만족할 수 없는 것들을 좇게 만든다. 다시 말해 커다랗고 텅 빈 위와 바늘구멍만 한 입을 가진 사람처럼 아무리 먹어도 성에 차지 않는 것이다. 작가이자 의사인 가버 마테Garbor Mate는 이것을 "중독이라는 영역, 채워질 수 없는 위안과 성취에 대한 열망을 억제하기 위해 외부적 요소를 끊임없이 추구하는 것"이라고 표현했다(2010, p. 1). 우리는 누구나 중독적 행동으로 발전할 소지를 가진다. 그리고 생물학적, 심리적, 사회적 환경의 특정 요소들로 인해 살아가는 동안 각기 다른 시점에 중독 가능성이 발현하게 된다. 중독에서 회복되는 것(대부분은 치료를 받지 않아도 온갖 종류의 중독적 행동에서 회복한다)은 그러한 뇌의 까다로운 여러 과정을 제어해 이용하는 법을 배우고, 욕구 충족에 있어 지속 가능한 방법을 찾아내는 것이다. 여기에는 자신이 이해받고, 받아들여진다는 느낌과, 안전하고 이해를 바탕으로 하는 관계 형성이 포함된다. 해묵은 상처를 치유하기 위해서는 사회가 공감적 접근법을 취해 회복 가능하도록 도와야 하며, 우리 내부의 배고픈 유령에게 영양을 공급하는 법을 배워야 한다.

이 책은 스코틀랜드의 전문가 공동체인 약물 및 알코올 중독 팀에서 임상 심리학자로 일했던 나의 경험을 바탕으로 한다. 초기에 나는 중독에 관해 단순하게 생각했다. 중독에 관한 나의 인식은, 훗날 내게 상담을 받은 사람들이 말해 주었듯이, 대부분 연수나 언론을 통하거나, 친구나 가족들이 약물과 알코올 중독에 관해 갖고 있던 생각처럼 경험보다는 책에서 배운 것이었다. 이러한 지식들은 내 앞에 놓인 문제를 해결하기에는 역부족이었다. 상담을 받는 동안 간절히 변하려 노력했지만 일상으로 복귀하자마자 원위치로 돌아간 사람들, 자신이 어떤 생각을 하고 어떻게 느끼는지 인지하기 힘들어 하는 사람들, 아무런 계획 없이 순간에만 반응하는 것 같은 사람들, 이런 모든 사람들은 때로는 다가올 끔찍한 결과를 너무나 잘 알면서도 중독적 행동을 계속했다. 상담을 받으러 온 사람들이 '바닥을 친' 후에야 변할 수 있다고 동료 직원들이 말하는 것을 들으며 나는 그 '바닥'이 어디인지 궁금했다. 그들은 이미 너무나 많은 것을 견뎌 왔을 터이기 때문이다. 내가 읽은 오래된 신경 정신과 의무 기록에서는 같은 사람을 두고 '양극성 장애', '불안과 우울', '경계성 인격 장애'라고 기록하고 있었다. 그리고 어떤 경우에는 '부적합 인격 장애'라고 써 있었다. 다행스럽게도 이 명칭은 이제 진단 매뉴얼에서 사라졌다. 정말 이러한 장애가 있다 하더라도, 이 같은 혼동은 복잡한 여러 정신 건강 문제를 설명하는 데 있어 의학적 혹은 진단 모델이 한계가 있음을 드러낸다. 특히 이러한 문제들이 중독적 행동을 동반할 때 한계가 더욱 두드러진다. 나는 내가 항간에 떠도는 중독에 대한 낙인들을 얼마나 많이 흡수하여 내면화했는지 깨달았다. '왜 이 사람들은 변하려고 노력하지 않을까?' 아마도 동기 부여가 제대로 이루어지지 못한 탓일 수 있다. 아니면 동기가 부족한 것은 오히려 나였고, 내가 일을 제대로 하지 못한 탓일 수도 있다. 상담 센터의 많은 직원들은 오랜 기간 이 일을 해 오는 동안 같은 가족이 여러 대에 걸쳐 상담을 받으러 오는 것을 지켜보았다. 회복 가능성이 점점 줄어드는 사례를 지켜보는 동안 사람들이 중독에서 회복될 수 있다는 희망에 어떤 일이 생겼을지 쉽게 상상할 수 있을 것이다. 이는 우리가 중독을 제대로 이해하지 못할 때, 혹은 중독자를 격리시키고 배제하는 사회 역학으로 인해 중독 치료가 제대로 이루어지지 않을 때, 그 사이에 낀 개인, 가족들, 지역 사회가 어떻게 되는지를 잘 보여 준다. 또한 환자와 헌신적인 직원들이 계속 반복되는 상황으로 인해 지치지 않게 하려면 어떻게 해야 하는지도 보여 준다. 그러나 한편으로는, 사람들은 이따금 모든 역경을 헤치고 회복하며 그러한 회복 사례로 인해 일을 계속할 수 있는 영감과 힘을 얻는다. 회복은 전염되며 동료의 지지와 지역 사회 네트워크를 통해 확산된 영감과 희망은 분명히 존재한다.

이 책은 내 자신의 학습 곡선을 고스란히 드러낸다. 중독에 관해 떠도는 이야기들을 살펴보고 몇몇 뿌리 깊은 속설을 무너뜨리게 될 것이다. 1장에서는 도덕적, 의학적 모델이 당시 정치적, 사회적 상황에 어떻게 영향을 받았는지 살펴보고 몇 가지 심리적, 사회적 모델을 간략하게 다룬다. 이러한 모델은 중독이 어떻게 발전하는지를 보여 주는 보충 사례를 제공한다. 2장에서는 중독적 행동의 근본이 되는 뇌 신경학에 관해 알아보면서 습관, 선택, 강박에 대해 살펴보고, 어떤 특수한 학습 과정을 통해 중독으로 발전되는지를 탐구할 것이다. 이는 컴퓨터 게임 산업을 비롯한 여러 산업에 교묘히 활용되고 있다. 딱히 게임을 하고 싶지 않은데도 컴퓨터 게임에 몇 시간씩 허비한 적이 있는가? 바람직한 행동이 아니라는 것을 뻔히 알고 또 다음 날 아침에 후회할 것이 분명한데도 우리는 한밤중에 약물을 사용하거나, 술을 마시거나, 과식하거나, 컴퓨터 게임을 하기도 한다. 그러나 어떤 일을 하기로 선택했다고 해서 모두 중독이 되는 것은 아니다. 인간 발달 단계의 민감한 시점에 어떤 이유로 취약한 상태에 처하거나, 행동을 반복하는 것으로 인해 뇌에 억제하기 힘든 흔적이 새겨져, 원하지 않는데도 멈출 수 없는 경우에 중독이 되는 것이다. '선택에 의한 중독'이라는 개념이 약간 모호해지는 것이 이 대목이다. 행동은 반복하면 할수록 자동적이 되고 의식적 선택의 여지가 줄어든다. 일이 자동적으로 이루어지면 복잡한 삶에 도움이 되기도 하지만 중독의 경우 자동이 된 습관은 사람을 걸려 넘어지게 만든다.

여러 중독적 행동의 기저에는 공통적인 과정이 있지만 약물과 알코올 중독은 또 다른 장애까지 초래할 수 있다. 장기 사용한 약물이 뇌의 인지 기능으로 알려진 기억, 계획, 유연한 사고를 관리하는 뇌의 능력에 영향을 주기 때문이다. 장기간에 걸친 알코올이나 약물 사용은 뇌 기능 손상으로 이어질 수 있다. 그러나 이는 약물과 알코올 자체만이 아니라, 장기적인 약물 복용에 따른 생활 방식으로 인한 것이며, 특히 약물에 빠져 있는 동안 제대로 먹지 않은 것 때문이기도 하다. 하지만 알코올이나 약물이 중독을 '초래하지' 않는다 하더라도 위험하지 않은 것은 아니므로 그로 인한 결과를 널리 알리는 것이 유용하다. 더 나은 정보가 있으면 자신이 어떠한 위험을 감수할 것인지에 대해 좀 더 합리적인 결정을 내릴 수 있다.

쉽게 중독적 행동으로 발전하는 요인에는 우리의 생물학적 특징, 유전적 조합, 나이, 나고 자란 환경 등 많은 것이 있다. 3장에서는 사람과 환경의 상호 작용으로 인해 중독이 생겨나는 방식과, 주어진 상황을 이해하고 대처하기 위해 고안한 전략을 살펴보면서 이 요인 중 몇 가지를 알아본다. 어린 시절이나 성장 과정에서 역경을 만나면 중독에 빠질 가능성이 더 높아진다.(모두 다 그런 것은 아니다.) 극심한 알코올이나 약물 중독에 빠진 사람들은 학대, 방임, 폭력으로 인해 계속된 공포를 겪은 사람들로, 학대가 일상이었고 해를 끼치지 않는 정도면 친절이라고 여기는 정도까지 끊임없는 공포를 겪었다. 중독의 의학적 모델은 중독의 원인보다는 증상을 더 중시한 나머지 중독의 뿌리를 보지 못하게 한다. 많은 경우, 최초의 문제는 중독 행동이 아니며 짓누르는 불안을 차단하는 방책으로 이런 행동이 시작되었다가 이후에 사용자들에게 문제를 일으키는 것이다.

4장과 5장에서는 범세계적인 회복 운동을 기반으로, 중독을 좀 더 따뜻한 시각에서 이해하고 치료하기 위한 심리학적 로드 맵을 살펴볼 것이다. 중독에 빠지는 것이 개인의 관심을 좁히는 행위라면 중독적 행위를 통제하기 위해서는 일련의 총체적 변화가 필요하다. 우리는 사람들이 언제 충동적으로, 강박적으로, 아무런 생각 없이 행동하는지 인식할 수 있어야 한다. 다시 말해 중독적 행동의 목적을 생각할 필요가 있다. 중독적 행동으로 인해 우리가 얻는 것은 무엇일까? 중독적 행동이 충족하려 하는 욕구는 무엇일까? 이런 일련의 질문에 답을 찾으면 보다 안전한 대안을 찾는 데 도움이 될 것이다. 그러고 나면 우리는 더 건강한 습관을 형성하고 우리의 행동을 인도할 새로운 뇌 신경 패턴을 형성하도록 뇌를 다시 훈련할 수 있다. 우리는 우리의 감정과 자기 자신을 다른 방식으로 이해하는 법을 배울 필요가 있다. 또한 우리는 주변 사람들과 건강한 관계를 형성하거나 회복하는 방법 또한 생각해 보아야 한다. 이러한 관계를 맺고 있으면 우리가 다른 사람들과 연결되어 있고 안전하다고 느끼게 될 것이다.

중독에 빠진 사람들 대부분은 나름대로 더 건강한 생활 방식을 찾거나 친구, 가족, 지역 사회의 지원에 의지한다. 만약 현재 사회적으로 고립되어 있거나 지지해 주는 관계를 찾는 데 어려움을 겪고 있다면, 전 세계에 퍼진 상호 부조扶助 기관이나 회복 공동체에서 쉼터나 중독 회복의 첫걸음을 내딛도록 돕는 장소를 제공받을 수 있다. 더 심각한 중독에 빠진 사람들—종종 다른 복합적인 신체적, 정신적 장애를 가진 사람들—의 경우에는 전문가의 도움을 받아 새로운 행동을 학습하는 것이 도움이 된다. 중독에 관한 의학적 접근법은 특히 몇몇 약물이나 알코올 중독 관련 피해를 줄이는 데 있어 상당한 진전을 이루었다. 그러나 이러한 서비스가 심리학적 접근 및 사회적 접근과 통합될 때 비로소 협업을 바탕으로 개인적 강점과 선택에 집중해 서비스를 제공하기 위한 청사진을 그릴 수 있다.

중독 서비스 분야에서 일하다 보면 얼마 안 있어 이 일의 본질이 정치적 일처럼 느껴지기 시작한다. 사회적, 정책적 틀 안에서 일을 해야 하는데 종종 이러한 틀이 일하는 데 오히려 방해가 되는 것처럼 생각된다. 이러한 상황은 심지어 국가 보건 의료 서비스National Health Service가 있는 영국에도 해당된다. 그렇다면 증거에 기반을 둔, 좀 더 사람들을 배려하는 약물 정책은 어떤 것일까? 6장에서는 세계 마약 정책의 변화가 중독에 대처하는 방법에 있어 얼마나 많은 진전을 이루었는지를 여러 긍정적인 시사점과 함께 살펴볼 것이다. 이제 우리에게는 마약 금지 정책이 효과가 없었고 범세계적 인권 탄압이라는 결과로 이어졌다는 수십 년에 걸친 증거가 있다. 마약과의 전쟁은 중독 관련 문제들을 증가시켰다. 마약 관련 범죄는 고질적이고, 강력 범죄가 되었다. 동시에 수많은 환자와 엄청난 사회적, 경제적 희생만을 남겼다. 미국의 철학자이자 언어학자인 노엄 촘스키Noam Chomsky와 가수 제이지Jay-Z(2016년 『뉴욕 타임스』에 아샤 반데일이 쓴 기고문 내용에서 래퍼 제이지의 표현을 인용했다.—옮긴이 주) 같은 사람들은 이를 가리켜 '사상 최악의 실패'라고 논평했다. 그렇다면 무엇이 해답일까? 약물 중독을 범죄로 규정하거나 법으로 제재하면 약물 사용이 더 만연하게 되고, 우리 아이들을 더 큰 위험에 처하게 하는 결과를 초래할 뿐이라는 주장도 있다. 그런 결과를 원하는 것은 아니지 않는가? 다른 나라들이 사용하기 시작한 중독 치료 방법에서 얻은 교훈이 일부 해결책을 제공해 줄 수도 있다.

수없는 어려움과 좌절에도 불구하고 중독에서 회복되는 것은 매우 희망적인 과정일 수 있다. 비록 마약 중독이 초래한 강렬한 다른 이야기들에 묻혀 중독에서 벗어난 이야기를 자주 듣지는 못하지만, 회복은 가능한 일이고 자주 일어나고 있다. 회복 운동은 사회 정의 운동(화이트, 1996)에 비유되어 왔다. 이 운동은 회복 중인 사람들로 구성된, 타인에게 회복의 영감을 주는 공동체의 성장으로 이어졌고, 중독에서 벗어나려는 시도를 하고 있는 이들에게 길잡이 역할을 하였다. 여러 측면에서, 중독은 인간으로서 기본적 욕구가 충족되지 않을 때 일어나는 발생 가능한 한 가지 결과이다. 중독을 둘러싼 낙인은 중독자를 배제하고 소외시키기 때문에 치료와 지원을 좀 더 격려하는 풍토를 조성하기 위해서는 사회적 유대와 용인이 있어야 한다. 그러한 목표를 이루기 위해 갈 길이 멀지만 우리가 사회에서 가장 취약한 사람들에게 손을 내밀고 지원할 때, 그 혜택은 우리 모두에게 돌아올 것이다.

01

중독을 바라보는 시선의 변화

오랜 세월 동안 중독이 무엇인지 포괄적 정의를 내리려는 여러 시도가 있었다. '중독은 특정 대상이나 경험에 대한 건강하지 못한 의존'이라는 표현을 들어 본 적이 있을 것이다. 이러한 특정 대상이나 경험에는 약물, 도박, 심지어 관계 같은 것도 있다. 중독이란 말은 우리의 일상 대화 속 어디에서나 들을 수 있다. 가령 '난 초콜릿 중독이야'라는 말은 초콜릿을 너무 좋아하거나 너무 많이 먹는데, 그것이 건강에 이롭지 않은 것을 알면서도 계속한다는 의미를 함축한다. 그러나 공식적인 정의는 이와는 좀 달라서, 끊고 싶은 마음이 있고 부작용이 점점 심해지는데도 강박적으로 어떤 물질을 사용하거나 행동을 하는 것이다. 중독은 얼마나 그 일을 많이 하는가—음주나 흡연을 얼마나 많이 하는가—가 아니라 사람과 그 행동의 관계에 관한 것이다. 약물 중독의 경우에는 '약물 사용 장애'에 대한 신경 정신과 진단 기준에 이런 정의가 반영되어 있다. 진단 기준은 다음과 같다. 애초 의도한 것보다 오래 해당 약물을 사용하거나, 줄이거나 끊고 싶지만 불가능하다. 약물을 구하느라 오랜 시간을 들인다. 약물을 갈망한다. 약물로 인해 직장이나 학교에서 의무를 이행하지 못한다. 약물이 사회적 문제 및 대인 관계 문제를 초래하는데도 계속 사용한다. '내성'이 생겼다(나중에 자세히 다룬다), 또는 금단 증상을 경험한다(미국 심리학회, 2013).

이러한 기준은 중독에 관한 역사적 연구에서 나온 것으로 여기에는 아직도 유럽 내에서 진단 지침으로 쓰이는 '약물 의존'이라는 개념이 포함된다(세계 보건 기구, 1992). 신체적으로 어떤 약물에 의존적이라는 의미는 일정 기간을 두고 사용해 왔기 때문에 사람의 몸이 그 약물에 익숙해져 효과를 느끼려면 그 약물이 더 필요한 상태, 즉 그 약물에

'내성'이 생긴 상태를 말한다. 만약 사용을 중단하면 '금단' 증상을 겪을 수도 있다. 술을 마신 후에 숙취를 경험한 적이 있는 사람은 알코올과 관련된 신체적 금단 증상을 겪은 것이다. 병원에서 큰 수술이나 치료를 받았고, 진통제로 아편계 약물을 처방받은 적이 있다면 아편계 약물의 금단 증상으로 귀가 후 감기 같은 증상을 경험한 적이 있을 수 있다. 사실, 강한 진통제를 처방받은 후 이러한 경미한 금단 증상을 자주 경험했다면 헤로인 금단 증상이 어떤 것인지 눈치챘을 것이다. 디아모르핀 하이드로클로라이드 혹은 의약품 등급의 마약성 진통제가 강력한 진통 효과로 인해 병원에서 흔히 쓰이기 때문이다.

그렇게 나쁘지 않게 보이지 않는가? 그렇다면 헤로인의 중독성에 대해서는 왜 그렇게 야단법석일까? 내성, 금단 증상, 의존은 특수한 약물(과 행동)과 관련 있을 수 있지만 중독의 특징을 정의하지는 않는다. 나아가 모든 약물의 반복적 사용이라는 특징을 나타내지도 않는다. (예컨대 코카인과 암페타민은 헤로인과 알코올과 같은 방식으로 의존성을 일으키지 않는다.) 신체적 의존성은 중독과는 다르다. 이 말은 하룻밤 술자리에서 의도했던 것보다 지나치게 술을 많이 마시고 다음 날 숙취에 괴로워한 후 경미한 알코올 사용 장애라는 진단을 받은 사람에게는 위안으로 다가올 수도 있다! 여기에는 문화적 기대도 한몫하는 것이 분명하다. 약물 중독의 해로운 결과 중 어느 정도는 개인의 환경에 달려 있다. 비용을 감당할 수 있다면 헤로인에 중독되었다고 하더라도 높은 생활 수준을 유지할 수 있고 주거 불안 문제나 치료 비용으로 인한 결과로 인해 덜 고통받을 것이다.

비록 약물이나 알코올 중독이 나름의 부정적인 결과로 이어질 수 있지만 약물 **'사용'**과 약물 **'중독'**은 다르다는 점을 명백히 밝히는 것도 중요하다. 어떤 물질에 중독되었더라도 자신과 다른 사람에게 꼭 해를 끼치는 것은 아니다. 약물 사용에서 약물 중독으로 이어지는 전 단계는 범죄 가능성으로 인해 다른 중독적 행위보다 더 큰 사회적 비난을 받고 낙인으로 이어진다.

하지만 약물 중독이 다른 중독적 행위와 다를까? 정신 장애 진단의 '바이블'인 미국 정신 장애의 진단 및 통계 편람DSM-5(미국 심리학회, 2013)에서는 알코올 중독과 도박 중독 등의 중독적 행위를 진단하는 기준을 설정했다. 게임 중독에는 물음표를 남겨 두었고 강박적 음식 섭취, 쇼핑, 섹스, 일중독, 그리고 초콜릿 중독은 중독적 행위에서 제외되었다. 이러한 기준이 성의 없게 들릴지 모르지만 이번 장의 첫 문단 마지막 부분에 제시된 약물 사용 장애를 진단하는 기준은 많은 다른 행동에도 적용될 수 있다.

여기서 '약물'이나 '약물 사용'을 친구들이 모두 반대하는 사람과 미친 듯이 사랑에 빠진 것으로 대체해 보면 어떻게 될까? 연인과 함께 있기를 갈망하는가? 다른 의무를 저버리고 지나치게 오래 연인과 시간을 보내는가? 연인을 쫓아다니거나 SNS에서 그를 집요하게 추적하는 데 시간을 보내는가? 당신이 친구들의 감정을 알고 있고 이로 인해 우정에 문제가 생기는가? 이 새로운 사랑에 대해 친구들에게 말하지 않게 되고, 진행 상황을 비밀에 부치고, 심지어 거짓말까지 하게 되는가? 결국에 가서는 친구들이 반대한 이유를 깨닫게 되고, 스스로에게 화가 나고 부끄러워 연인과 헤어지지만 의도와는 다르게 몇 번이고 다시 연인에게 되돌아가는가? 그 관계가 '만성-재발성'일 수도 있는가?

모든 보상이 뒤따르는 행위의 기저에 깔린 과정은 똑같고, 모두 중독이 될 가능성이 있다. 중독은 종착점이라기보다는 과정이며, 역기능적이지만 그만둘 수 없는 극단적인 습관이라고 이해할 수 있다. 재발, 다시 말해 중독적 행동을 줄이거나 중단하려 시도했으나 실패한 것이 핵심이다. 심리학 교수 닉 헤더Nick Heather는 중독을 "그만두려는 이전의 결심에도 불구하고 특정 행동을 그만두거나 급격히 줄이는 일에 반복적으로 계속해서 실패하는 것"이라고 정의했다(헤더, 2017, p. 11).

DSM-5 기준은 중독과 정신 이상에 대한 생물학적 이해에 바탕을 두고 있으며 여기에서는 중독(과 정신 건강 장애)을 생물학적 원인을 가진 뇌 질환으로 이해한다. 미국 국립 약물 남용 연구소는 중독을 당뇨병과 만성 심혈관 질환과 같은 다른 질병에 비교하여 '만성-재발성 뇌 질환'으로 정의한다. 이러한 시각에는 몇 가지 문제가 있는데 이번 장에서 자세히 살펴볼 것이다. 지금 당장은 중독을 생물학적으로 이해하는 것이 중요하지만, 우리의 생리, 심리, 그리고 사회 환경에 뿌리를 둔 이런 복잡한 문제를 포괄적으로 설명하기에 생물학적 관점은 결코 충분하지 않다는 점을 지적해야 할 것이다. 중독을 심리학적, 사회적 모델로 이해하려는 관점에서는 중독을 발달하는 것이라는 맥락에 놓고, 시간을 두고 서서히 형성된다고 강조한다. 정확히 이해하려면 중독을 특수한 환경에 대한 학습된 적응 결과이지만 이들 중에 특히 깊이 뿌리를 내려 강박적이 된 것으로 설명한다.

서로 다른 여러 이론들에서는 중독의 여러 다양한 측면에 초점을 맞춘다. 예를 들어, 중독이 선택인지 아닌지, 견디기 힘든 심리적, 육체적 고통을 치유하기 위한 방편으로 중독이 생겨나는 것인지 등을 다룬다(칸치안, 1985). 유니버시티 칼리지 런던의 로버트 웨스트 교수와 제이미 브라운 박사 팀은 98개 중독 이론과 모델에 관한 심층 연구에서 동기 부여라는 다각적인 이론에 근거하여 '중독의 합성 이론'을 발전시켰다. 이 이론에서는 중독이라는 복잡한 문제에 대해 심리적, 사회적 요소를 고려한다(웨스트와 브라운, 2013). 그들의 이론은 다양한 중독의 형태를 망라할 정도로 광범위한데, 이 이론에서는 중독이 행동과 관련이 있으며 이러한 행동으로 인해 이성이 강한 욕구나 동기에 밀려나버리는 것이라고 지적한다.

이 연구는 중독을 바라보는 데 도움이 되는 방법을 보여준다. 중독은 누군가에게 있거나 없거나 하는 것이 아니고, 정상적인 행동 범위 내에 존재한다. 우리 모두는 우리에게 무슨 일이 일어나는지 그리고 어떤 기회가 주어지는지에 따라, 일생 중 여러 시점에 여러 가지 대상에 중독될 소지가 있으며 그 이상으로 발전할 소지도 가지고 있다. 이는 우리 중 누가 병을 가지고 있느냐 아니냐의 문제가 아니다. 중독이 전개되어 가는 방식에 유전이 영향을 미치고, 유전적 취약성이 복잡하고 어지러운 문제를 포장하는 매력적인 방법일 수는 있지만, 유전적 취약성 하나만으로 원인을 축소시킬 수는 없다. 우리는 중독에 빠진 사람의 입장이 되어 보지 않으면 중독에 관해 제대로 이해할 수 없다. 중독을 제대로 이해하기 위해서는 우리 사회에서 낙인이 중독을 얼마나 복잡하게 만드는지 생각해 볼 필요가 있다.

중독과 낙인

'중독자'를 생각할 때 무엇을 떠올리게 되는가? 우리는 중독, 특히 약물과 알코올에 중독된 사람들을 낙인찍고 비인간화하는 여러 이야기와 이미지에 너무나 익숙해져 있다. 이런 인식은 중독과 싸우는 사람들에 대한 우리의 생각에 영향을 줄 수밖에 없다. 자극적인 가십 거리를 주로 다루는 타블로이드 언론은 중독자들을 심약하고, 남을 이용하거나, 화려하고 비극적인 일탈자로 그려 낸다. 즉 그들이 선택하여 중독자가 되었다는 점을 시사한다. '참을 수 없는 습관을 잠재우기 위해 거짓말하고 훔친다', '노숙자 신세이고, 스스로 몸을 팔며, 마약을 구하기 위해 무슨 짓이든 한다', '그들은 우리와는 다르다.' 이러한 메시지들이 우리의 사회의식 속에 '중독자'와 '알코올 중독자'에 대한 선명한 고정 관념을 형성한다. 동시에 중독을 초래하는 수많은 다른 문제를 돌아보지 못하게 하며, 그를 사회 깊숙이 고착화한다. 또한 중독을 구성하는 전체가 무엇인지도 보지 못하게 한다. 불법 약물을 사용하게 되면 범죄라고 인식되는 행동을 한 것에 대해 사회적 비난을 받게 된다. 그러나 개인의 배경과 중독의 유형에 따라 사회적 비난에도 등급이 존재한다. 가장 큰 낙인과 도덕적 분노는 빈곤이나 다른 피부색으로 인해 이미 '타인'이라고 인식되는 집단을 위해 예비되어 있다. 이에 관한 한 가지 예는 미국과 영국에서 약물 관련 범죄로 체포되거나 실형을 선고받은 흑인 젊은이들의 숫자이다(휴먼 라이츠 워치, 2009). 이들 집단은 미국에서 약물 관련 범죄로 체포되거나 실형을 선고받을 확률이 열 배나 더 높은 것으로 나타나는데, 약물 사용과 거래의 비율이 다른 집단과 거의 동일함에도 불구하고 이런 결과를 보인다. 영국에서는 흑인과 소수 민족 집단이 다른 집단보다 더 낮은 약물 사용 비율을 보이지만 약물 때문에 불심 검문과 수색당할 확률은 여섯 배나 높고, 단순히 경찰의 경고에 그치지 않고 약물 관련 범죄 혐의로 기소당하는 비율도 더 높은 것으로 나타났다(이스트우드 외, 2013).

이러한 낙인과 편견은 계속하여 광범위한 파급 효과를 낳는다. 자신이 술을 점점 더 많이 마시게 되었다고 상상해 보자. 이제 문제가 생길 것이라며 걱정하기 시작한다. 상황은 점점 통제할 수 없이 악화된다. 이때 여러분은 이 사실을 누군가에게 말할 수 있는가? 사람들이 당신을 어떻게 생각할까? 이 시점에서 당신은 스스로를 어떻게 생각할까? 만약 약물 사용을 통제할 수 없게 되었지만, 그러나 당신은 스스로를 전형적인 '중독자'나 '마약쟁이'라고 생각하지 않는다면? 친구들 모두 약물을 사용하는데도 문제가 없었다면 나라고 괜찮지 않을 이유가 있나? 도움을 요청하는 일이 편안하게 느껴지는가? 감옥에 가게 된다면 어떻게 해야 할까? 전과자가 된다면 어떻게 해야 할까? 그 반대 또한 사실이다. 사람들이 약물 사용자와 약물 중독자를 어떻게 대하는지는 알지만 자신이 오랫동안 약물을 사용하면서 별다른 문제가 없었고 친구들도 마찬가지라면 어떨까? 어차피 사람들이 나를 멸시하고 멋대로 판단하는데 '마약쟁이'를 자처하며 그에 걸맞게 행동하는 건 어떨까? 다른 '마약쟁이'들과 함께 있을 때 가장 있는 그대로의 나를 인정해주는 것처럼 느껴지는데, 그래 멋대로 생각하라지, 이 사람들이 내가 속한 집단이고 이 사람들과 함께할 거야. '거짓말하고 훔치는 녀석'이라고 취급 받을 때 어떤 사람들은 일부러 이런 기대에 맞춰 행동하고 어떤 사람들은 이를 내면화하여 편견으로 인한 수치심을 느낄 수 있다.

약물 사용을 둘러싼 낙인은 사람들의 눈을 가려 그러한 상황에 원인을 제공한 요소를 보지 못하게 만들거나, 정신건강 문제, 어린 시절의 어려움이나 트라우마, 가난 또는 사회적 박탈처럼 개인적 요인에만 집중하게 만들 수 있다. 이렇게 원인을 잘못 추정하는 것은 심각한 결과를 초래한다. 가장 심각한 수준으로 중독된 많은 사람들이 대부분의 사람들은 상상도 못할 트라우마를 가지고 있고, 중독 관련

시설 이용자들 중에는 정신 건강 문제를 가진 사람들의 비율이 높다(이에 관해서는 3장에서 더 다룬다). 낙인은 약물 사용과 과거 트라우마와 관련된 수치심을 강화하고 재발 가능성을 훨씬 증가시킨다. 또한 낙인은 가족과 사회가 중독과 약물 사용을 어떻게 바라보는지에 영향을 미치고 회복에 대한 비관론을 키우는 경향이 있다. 만약 수치심과 단절이 중독을 키우는 요인이라면 더 많은 분열을 야기하는 것은 문제를 악화시킬 뿐이다. 본질적으로 중독자에 대한 고정 관념에서는 중독자를 도덕적으로 나약하고, 결함 있는 성격이나 인성으로 인해 나쁜 선택을 하는 사람으로 생각한다. 그러나 이는 약물 사용을 통제하지 못하는 것과 술에 취하는 것은 죄이고, 이를 범한 사람을 죄인으로 보던, 적어도 17세기로 거슬러 올라간 시대의 견해이다.

이런 고정 관념의 결과는 매번 중독을 '스스로 빠졌다'고 묘사하는 것이나 끔찍한 '마약과의 전쟁'과 같은 사례에서 찾아볼 수 있다. 이 캠페인은 1972년 미국 대통령 리처드 닉슨이 선포하여 미국의 거센 압력에 의해 세계 각국에서도 채택되었다. 이 정책은 세계 각국에서 중독과 폭력을 고착화시켰고 중독자들을 비인간적으로 취급하는 구실로 사용되었으며, 일부 국가에서는 고문과 사형을 정당화하기 위한 구실로까지 사용되었다(키네, 2017). 만약 중독이 도덕적 실패라면 마약은 사악한 것이고 중독자들은 죄로 인해 벌을 받아야 한다. 중세에서나 들을 법한 이야기 아닌가? 그런데도 우리는 이런 약물이 실제로 얼마나 해를 끼치는지와 무관하게(넛 외, 2010) 이러한 약물을 계속 금지하고 있다. 그리고 젊은이들과 성인들, 특히 소수 민족 집단과 경제적 취약 계층 출신들을 마약을 사용한다는 이유로 구금한다. 우리가 연구와 개인적 경험들을 통해 중독에 대해 알게 된 사실과, 사회에서 중독이 이해되는 방식과 중독을 대하는 방식에는 현격한 차이가 존재한다.[1]

중독, 차별과 정책

중독을 도덕적 실패로 보는 견해는 19세기와 20세기의 종교적 신념을 바탕으로 추진된 금주 운동에서 나왔다. 사람들은 '술의 악령'이 사람들을 빈곤과 범죄에 이르게 하고 가정을 파괴한다고 생각했다. 그러나 이런 약물 소비를 통제하기 위해 고안된 입법 초기 시절부터 중독을 겨냥한 정책들은 사회에서 정치적으로 '문제 있다'고 분류된 집단에 집중되었고 차별의 방편으로 사용되었다. 18세기 초의 진 법령Gin Act은 다른 종류의 술(가난한 사람들이 잘 마시지 않는 술)은 합법적으로 남겨 둔 채 "열등한 인간들이 범하는 악과 방종의 주원인이 된다"는 이유로 진 한 가지만을 금지하려 했다(딜런, 2001, p. 52). 진 금지법은 1743년 대규모 사회 혼란과 폭력이 뒤따른 후 폐지되었고, 그 후로도 몇 번의 시도는 더 있었으나 영국은 다시는 알코올을 금지하지 않았다. 금주 단체들의 경우는 다른 나라에서는 더 성공적이었고 알코올 금지는 20세기 초에 스칸디나비아, 러시아, 미국을 포함한 세계 각지로 퍼져 나갔다.

19세기 말, 프로이트는 중독에 대한 심리 역학적 이론의 기초를 마련했다. 이 이론에서는 중독을 무기력 또는 무력감에 대한 무의식적 방어 기제, 즉 억압된 열망 또는 충족하지 못한 욕구를 다스리는 방편으로 해석한다. 이러한 개념은 프로이트 이후 크게 발전했다. 프로이트는 "자위행위…… 한 가지 주요 습관…… '원초적인 중독'(1985년 제프리 메이슨의 저서, 1897년 12월 22일 프로이트가 빌헬름 플라이스에게 보낸 편지 중에서)"의 대체물이자 대안으로서 중독이 생겨났다는 이론을 정립했다. 그러나 이것은 실증적 자료에 의해 입증되지 않은 이론이다. 이보다 몇 년 전 프로이트는 코카인의 효능을 자신에게 실험했다. 그 후 이 마약을 소화불량, 천식을 위한 각성제, 최음제, 국소 마취제로 사용하기를 권장하며 최초로 코카인의 사용법 연구를 집필하기도 했다(쉐퍼, 1984). 프로이트가 수치스러워 할 이유가 없는 것이 19세기 말 당시에는 모두들 그렇게 믿었다. 당시는 많은 마약이 '죄악의 약물'로 분류되기 전이었고 비록 아편 사용이 우려를 낳기도 했지만 이가 나오려고 해서 칭얼대는 아기를 진정시키기 위해 '윈슬로 부인의 진정 시럽' 같은 아편을 함유한 치료제가 1930년까지 시판되기도 했다.

20세기 초 미국에서 시작된 마약 금지 정책도 실제로는 마약과는 거의 관련이 없고 인종 차별주의나 인종 혐오와 더 관련이 있었다. 18세기의 진 법령처럼 다른 약물은 그대로 두고 특정 약물만을 범법 행위로 간주한 이 법은 특정 집단과 관련이 있는 것으로 인식된 사람들에게 특히 초점을 맞추었다. 아편 소굴과 중국 이민자들이 관련되었던 것으로 인해 아편 흡연이 1875년 샌프란시스코에서 금지된 반면, 중산층 미국 백인이 사용하는 치료제와 팅크제 형태의 아편 복용은 합법으로 유지되었다(머스토, 1999). 코카인과 대마초는 아프리카계 미국인과 히스패닉이 주로 사용한다는 이유로 금지 대상이 되었고, 초기 마약 금지 옹호론자들은 차별적 법에 숨어 있는 인종 차별을 공공연히 드러냈다. 마약 금지 정책에서는 마약 사용과 거래를 구분하지 않고 아무리 적은 양이라도 불법적 약물을 사용한 사람은 모두 범죄자로 취급하며, 그러한 관행은 오늘날에도 계속되고 있다. 미국에서는 30대 아프리카계 미국인 전체의 거의 10분 1이 감옥에 있으며, 미국 형사 사법 제도에서 나타나는 인종 간 차이에 기여한 최대 단일 요인이 마약과의 전쟁인 것으로 나타난다(센텐싱 프로젝트Sentencing Project, 2013). 작가이자 기자인 요한 하리Johann Hari의 저서 『비명을 좇아서Chasing the Scream』에서는 마약과 치른 전쟁의 역사와 결과를 생생하게 그리고 있다. 하리는 마약과의 전쟁을 다음과 같은 것을 찾는 것으로 묘사한다.

> 복잡한 공포에 대한 손쉬운 해답……. 대중은 이 깊고도 복잡한 문제—인종, 불평등, 지정학—의 본질이 약간의

> 가루와 알약이고, 그리고 이런 가루와 알약이 세상에서 없어지면 이런 모든 문제도 사라질 것이라는 말을 듣고 싶었다.
>
> (하리, 2015, p. 44)

사실상, 마약 금지 정책은 중독에 대한 도덕적 관점이 주류 관점이 되도록 부추겼고, 사회 내 특정 소수 집단이 직면한 낙인을 증폭시켰으며, 그 과정에서 중독을 좀 더 따뜻한 마음으로 이해하고 치료하려는 시도를 오염시켰다.

도덕성에서 의학으로

20세기 초반 내내, 의료 전문가를 비롯한 많은 사람들은 중독을 질병으로 이해하고 치료해야 한다고 주장했고, 중독자들을 주류 사회로 복귀시키기 위해 지원을 시도하다 투옥되기도 했다(하리, 2015). 당시 이들이 중독을 질병으로 인식시키기 위해 투쟁한 사실은 낙인찍히고 사회에서 소외된 사람들에게 더할 수 없는 위안이 되었으며 치료와 요

양에 대한 희망을 주었다. 이러한 노력은 아직도 여러 곳에서 진행 중이다. 이는 중요한 패러다임 전환이었고 사람들을 돕는 문제에 좀 더 공감적 접근법을 제공했다. 도덕적으로 병들거나 잘못된 것이 아니고 질병을 앓고 있었던 것이다. 그들의 잘못이 아니다. 이러한 견해는 낙인을 어느 정도 해소시켰고 개인의 죄의식을 경감시켰다. 또한 효과적 치료법에 대한 연구로 이어져 금단 증상을 줄이고 안정을 유지하고 갈망을 억제하는 약을 생산하는 결과를 낳았다. 또 4장에서 설명하겠지만 '피해 감소' 방법을 통해 마약, 알코올 사용과 관련된 피해를 극적으로 줄였다. '질병으로서의 중독'이라는 개념은 한동안 '도덕적 약점으로서의 중독'이라는 개념과 공존했는데, 초기에는 중독을 도덕성이 약한 사람들이 걸리는 질병으로 보다가 점차 '생물학적 취약성'이라는 개념으로 옮겨 갔다. 이러한 과정은 미국 정신장애의 진단 및 통계 편람DSM의 변천사에 그대로 나타나 있다. 중독은 장애를 가진 성격의 징표라는 1952년 정의에서 이번 장 앞부분에 언급한 '약물 사용 장애'의 범주에 해당하는 정의로 진화했다.

오늘날 '만성, 재발성 뇌 질환'이라는 중독의 정의는 최근의 연구를 통해 도전받고 있다. 일단 중독이 되면 뇌에서 보상, 판단, 학습, 기억 및 자기 통제를 담당하는 영역이 변화하는데 그 물질의 독성에 기인하는 것으로 생각된다는 연구 결과가 그 근거이다. 또한 극단적인 생물학적 견해에서는 중독을 유전에 기반하여 생물학적으로 결정되는 것으로, 즉 그러한 특수 유전자를 가진 사람들은 '시한폭탄'을 단 것과 마찬가지로 본다. 치료법은 없으나 질병으로 규정되었기 때문에 중독은 특수 치료를 필요로 하게 되었고 의료진과 정신과 전문의가 중독 치료 팀과 재활 센터를 이끌게 되었다. 또한 장기적 회복을 위한 단 하나의 선택은 절제뿐이다. 연구의 최우선 과제는 의학적 치료법을 개발하기 위해 병을 일으키는 유전자를 밝혀내는 것이었다. 그러나 신경 과학자이자 발달 심리학자인 마크 루이스Marc Lewis의 지적대로 모든 학습은 뇌를 변화시키기 때문에, 중독은 역기능적이고 강박적인 습관으로 이해하는 것이 더 정확하다(루이스, 2015). 루이스를 비롯한 많은 사람들은 질병 모델에는 문제가 있으며 실제로 회복을 방해한다고 주장한다.

질병 모델이 왜 그렇게 문제가 많을까? 우선, 질병 모델은 사람들에게 안도감과 연민의 감정을 불러일으켰다. 특히 알코올과 마약 중독으로 고통받고 있던 많은 이들은 중독을 자신의 정체성의 일부로 여기게 되었다. '내게는 병이 있어, 난 나쁜 게 아냐, 내 잘못이 아냐.' 또한 중독자의 이해하기 힘든 행동을 필사적으로 이해하고 싶어 하는 가족들에게는 적어도 중독에 대한 설명을 제공했다. 중독의 범위 중 가장 극심한 형태에서는 오랜 기간의 마약과 알코올 남용, 그리고 종종 이에 동반되는 영양실조, 가난, 나쁜 정신 건강, 자기 방치로 인해 돌이킬 수 없는 뇌의 변화가 있을 수 있다. 이러한 극단적 상태에서 회복되는 것은 더 오래 걸리고 더 힘들며 전문가의 도움을 필요로 할 가능성이 높다. 이러한 것들이 질병의 증거가 아닐까? 중독을 어떻게 분류할 것인가에 관한 끝없는 논쟁이 현실과 동떨어진 말다툼처럼 느껴지고 실제 사람들의 개인 경험과 무관할 수 있는 반면, 이 질병 모델이 왜 해로운지 고려해 보는 것은 가치 있는 일이다. 우리가 중독을 어떻게 규정하는가는 치료에 영향을 미친다. 질병 모델의 허점을 알게 되면 중독자에게 좀 더 많은 자율권을 부여하는 증거에 기반한 모델을 발전시킬 수 있다. 이러한 모델에서는 중독의 복잡한 행동 원인을 인간의 생물학적 특징만으로 축소시키지 않는다.

질병 모델의 독점에 도전하다

중독이 질병이라면, 이 병으로 인한 결과로 범죄자 취급을 당하고, 이 병으로 고통받는 환자들이 다른 질병의 경우라면 받아들일 수 없는 방식으로 벌을 받는다는 점에서 독특하다. 진단명은 소통과 치료 계획을 가능케 한다는 점에서 유용하다. 예를 들어 치료를 받을 수 있는 단 한 가지 방법이 의학적 진단을 통하는 것이라면 왜 그 진단명을 받을 가치가 있는지를 알 수 있다. 그러나 중독을 질병으로 보는 것은 낙인도 증가시킨다. 정신적, 정서적 고통이라는 진단은 그런 증상으로 고통받는 사람들이 정상인보다 예측 가능하지 않고 통제력이 부족하며, 덜 책임감 있게 행동한다고 가정하게 한다(버크만과 라이너, 2010). 그리고 그 '질병'을 가지고 있는 이들에게는 어떤 영향을 줄까? 앞에서 살펴본 대로 어떤 이들에게는 위안이 될 수도 있고, 자신이 통제할 수 없거나 어찌할 수 없다고 느낀 행동과 상황에 대한 설명이 될 수도 있다. 또한 자기 자신을 '중독자' 또는 '알코올 중독자'라고 적극적으로 인정하게 하여 익명의 치료 모임 alcoholics anonymous, AA의 12단계 프로그램처럼 동질적 집단에서 다른 이들과 연결되도록 해 준다. 그러나 다른 이들에게는, 자신의 목에 떼어 버리기 힘든 원치 않는 꼬리표가 걸리는 것이고, 이미 존재하는 '우리 대 그들'이라는 이분법을 강화할 수도 있다. 예를 들어 메타돈이 마약 중독 치료에 중요하고, 안정되도록 도와주고, 피해를 줄일 수 있다 하더라도 약국에서 감독하에 그 약을 받는 사람들은 "사회적 왕따…… 이류 시민[이 된 것 같고]…… 그 약이 나를 사회에서 소외시킨다"고 느낀다고 표현한다. 처방전이 있어야만 살 수 있는 약인 메타돈을 필요로 하는 행동 자체가 그들에게 낙인이 되는 것이다.

또한 이 모델은 전체 범위 중 가장 극단에 해당하는 중독에 대한 세간의 이해를 왜곡하여 회복에 대한 비관론을 키운다. 2013년에 불법 마약을 사용한 전 세계 2억 5000만 인구 중에서 약 10%의 사용자만이 문제를 일으켰는데(유엔 마약 범죄 사무소, 2015) 이 수치는 다른 중독적 행동에도 해당된다. 중독의 심각성을 축소하자는 것이 아니라, 중독이 될 수 있는 행동이나 경험에 노출이 되었을 때라도 문제가 될 정도의 중독이 일반적인 것은 아니라는 점을 인정하자는 것이다. 중독에서 회복되는 것은 일반적인 일이며, 대부분의 사람들은 결국 스스로 또는 사회적 네트워크나 개인적 자원의 도움을 받아 중독적 행동을 그만두거나 줄인다. 많은 이들이 자신이 선택한 약물을 계속 사용할 수는 있지만 좀 더 통제되고 덜 해로운 방식으로 지속한다. 이런 사실은 AA 모임의 단골 문구인 "한번 알코올 중독자는 영원한 중독자"라는 말에 대한 도전이다(영국AA, 2017). '미국 알코올 및 관련 상황에 대한 국가 역학 설문 조사NESARC'에서 알코올 의존의 이력이 있는 4000명을 대상으로 조사를 실시했을 때 지난 한 해 동안 조사 대상의 절반이 음주를 절제하거나 큰 폭으로 줄였다는 결과가 나왔다. 다른 4분의 1은 약간 개선되었다고 답했고, 줄였다고 응답한 모든 사람들 중 4분의 1만이 전문가의 도움을 받은 것으로 나타났다. 대다수가 회복된 것이며 공식적 치료 없이도 회복되었다(도슨 외, 2015). 비단 알코올의 경우만 그런 것이 아니다. 니코틴, 대마초, 코카인에 의존했던 대다수의 사람들도 별다른 치료 없이 사용을 중단했으며(로페즈-퀸테로 외, 2011), 아편에 중독되었던 '상당수의 사람들이' 자연스럽게 회복되었다(월도프와 비에나키, 1981).

이러한 자연적 회복의 원인은 무엇일까? 1960년대와 1970년대에, 헤로인 중독으로 치료를 받은 사람이 회복될 확률이 치료를 받지 않은 중독자가 회복될 확률과 같다는 의견이 있었다. 치료 없이 저절로 회복한 사람들은 자존감이 높고, 좋은 가족 관계를 유지하고, 교육 수준도 높은 편이었다. 이런 것들이 현대에 와서 '회복을 위한 자산'이라고 표현되는 내적 자산과 외적 자산에 해당된다(화이트와 클라우드, 2008). 다시 현재 이야기로 돌아와 보면, 우리는 이제 각종 약물에 중독되었던 대부분의 사람들이 저절로 회복되고, 비록 끊기 전까지 몇 번 실패하지만 30세 정도가 되면 약물 사용을 중단한다는 것을 안다(로페즈-퀸테로 외, 2011). 만약 중독이 만성적이고 재발하는 질병이라면 어떻게 이러한 일이 가능할까? 중독에서 벗어난 사람들은 자신의 삶이 중독보다 더 중요해졌다고 말한다. 이는 마치 중독적 행동과 평생 바랐던 삶의 목표들, 즉 부모가 된다거나, 연인이 되거나, 좋은 직장을 갖고 유지하는 것들 사이에서 줄다리기를 하는 것과 같다. 좀 더 깊이 중독에 빠진 사람들의 경우 그들의 이력을 살펴보면 중독을 초래한 요인들이 몇 가지 있다. 그들의 삶은 신체나 정신 건강 장애로 복잡했던 경향이 있고, 건강한 사회적 관계가 적었으며, 교육 수준과 소득 수준도 비교적 낮았다. 안정된 관계를 형성한 사람들은 독신인 사람들보다 먼저 중독에서 벗어났는데 이는 질병으로부터의 회복을 나타내는 특이한 지표이다. 약물을 얼마나 구하기 쉬운지, 그들이 동료 집단에 얼마나 잘 수용되는지 같은 좀 더 실제적인 이유도 있었는데, 이에 관해서는 3장에서 더 다룰 것이다. 그러므로 비록 쉽지 않고 중간에 어쩔 수 없는 실패도 겪지만, 치료 시설의 도움 없이도 중독에서 회복되는 경우는 보통 있는 일이다. 비록 심각한 중독은 종종 만성적이 되기도 하고, 습관을 완전히 끊기 전 여러 번 재발될 수도 있지만, 이는 중독의 전체 스펙트럼 중 일부이지 전체가 아니다.

질병 모델은 '그들 대 우리'식의 접근법을 부추기는 경향이 있다. 의사와 의료 전문가들은 환자를 볼 때 진단에 따른 치료를 해야 한다고 생각하고, 환자가 계속 치료를 받고 전문가의 지시를 잘 따르면 나을 것이라고 여긴다. 이는 신체 질병 치료를 위한 이상적 모델로, 질병 진단이 효과적인 치료 결정으로 이어진다. 이 모델은 극심한 중독을 가진 사람들과, 안정을 찾기 위해서 신체적·정신적 건강을 지원할 조직화된 보살핌이 필요한 이들에게는 좋은 효과를 낸다. 그러나 질병 모델에서는 일단 안정을 되찾으면 '질병' 표지를 떼도록 도와주려고 애쓴다. 이 단계가 되면 심리적이고 사회적 욕구가 더 시급해지기 때문이다. 보통 신체적으로 아픈 경우에는 어떻게 하면 나아질 수 있는지 전문가의 상담을 받고 싶어 한다. 그리고 대부분의 치료 기간 동안 전문가의 조언을 잘 듣고 실천한다. 그러나 환자가 스스로를 수동적으로 치료받는 사람으로 보는 것이 항상 도움이 되는 것은 아니다. 사실, 우리가 행동 변화를 원하는 경우, 자신이 아닌 다른 존재에게 권한을 부여하는 것은 변화를 약하고 더디게 만드는 결과를 낳는다. 중독적 행동 변화를 가장 강력하게 예측할 수 있는 인자는 자신이 할 수 있다는 믿음이다. 이는 다시 말해 자기 효능감으로, 스스로를 얼마나 유능하다고 생각하는가를 뜻한다(반두라, 1977). 스스로에게 '병에 걸린' 또는 '아픈' 사람이라고 표지를 붙인다면 우리의 자기 효능감에 무슨 일이 일어날까? 자신이 유전적으로 중독에 취약하다거나 '중독에 빠지기 쉬운 성격'을 가졌다고 생각하는 것이 어떤 영향을 미칠까? 병에 걸렸고 시설의 도움을 받아야 한다면 우리에게 무슨 일이 일어날까? 이러한 믿음은 자신감을 쌓을 수 있는 잠재력을 저해해, 변화하고 발전하며 중독을 다른 수단으로 이겨 내고자 하는 자신감을 떨어뜨린다. 중독 치료에 있어 자신을 좀 더 적극적인 참여자로 보고 앞으로 전개되는 상황에서 스스로 선택할 기회가 주어진다면 이러한 강박에서 벗어날 수 있는 능력도 커지게 된다. 미국 심리학회의 2013년 정신 질환 진단 및 통계 편람DSM-5 또는 세계 보건 기구의 1992년 국제 질병 사인 분류ICD-10와 같은 진단 체계는 정신 건강 장애와 중독을 이해하려는 노력의 일환이다. 이런 것들은 정신이 걸림돌이 될 때 어떤 일이 일어나는지를 이해하기 위한 공통 언어를 제공하고 이런 장애에 대처할 기본 틀을 제공한다. 그러나 '장애가 있는' 것과 그렇지 않은 것을 구별하기는 어렵다. 언제 강박적 행동이 장애가 될까? 언제 행동이 비정상적이 될까? 아니면 사회적으로 용납 가능한 것만 정상일까? 우리의 중독 및 정신 건강 용어집은 '부적응'과 '역기능적'이라는 단어로 가득 차 있다. 그러나 심리학적 관점에서 보면 심지어 특이한 행동도 매우 기능적이라고 이해될 수 있다. 만약 어떤 사람이 감정을 잘 표현하지 않는 환경에서 자라났다면 감정을 억누르는 것이 기능적이고 잘 적응한 것이 된다. 습관대로 이런 감정적인 욕구가 충족되면 자신이 배운 환경적 규칙과 주어진 기회에 맞는 방식을 추구하는 것이 기능적인 것이다. 알코올이 없으면 사회적으로 불안하기 때문에 주말마다 폭음을 할 수도 있다. 이것이 좋지 않다는 것을 알지만 어떻게 그 사이클을 깨야 하는지 확신이 서지 않는다. 처음에는 친구들을 따라서 마약을 사용하기 시작했지만 점차 정기적으로 사용하게 되었을 수도 있다. 충분히 여러 번 되풀이한 행동은 습관이 되며, 어떤 특수한 상황하에 이러한 습관들은 중독으로 변한다. 그렇다면 어느 시점에 이러한 것이 질병이 될까? 중독은 우리가 빠지고 안 빠지고의 문제가 아니다. 중독에 취약한 사람들이, 일생 중 어느 특별히 민감한 시점에 중독에 빠지게 되는 것이다.

중독의 질병 모델이 갖는 마지막 문제는 중독이 부분적으로 마약과 알코올의 독성에 의해 초래되었다는 설명이다. 약물, 특히 중독적 약물은 뇌를 '장악'하기 때문에 금지되어야 한다는 것이다. 모든 약물 사용에는 위험이 따르지만 중독을 초래하는 것이 약물일까? 그렇다면, 부정적인 결과에도 불구하고 지속하게 되는 다른 유형의 강박적이고 자기 파괴적 행동은 어떠한가? 사람들이 지쳐 쓰러질 때까지 일하는 이유가 의무감 때문인가, 아니면 개인적 삶을 있는 그대로 직면하느니 일하는 게 더 마음 편하기 때문인가? 한순간의 안락과 만족을 위해 과식하는가? 더 나은 판단을 할 수 있는데도 불구하고 자꾸만 되돌아가게 되는 강렬하고 파괴적인 관계를 지속하는 것은 어떠한가? 섭식, 관계, 운동, 섹스, 인터넷, 춤, 심지어 해리 포터에 이르기까지, 이런 모든 일련의 행태적 중독이 연구 문헌에 설명되어 있다. 헤로인에 반응하여 불이 켜지는 똑같은 뇌 회로는 고지방 음식에 같은 반응을 보인다. 그 결과 치즈에 대한 인상적 표제가 뇌에 남아 치즈가 코카인만큼이나 중독성을 띨 수도 있다(구터리지, 2015). 자본주의 경제 체제에서 광고 업계와 기업들은 각종 소비재를 통해 중독을 부추긴다. 컴퓨터 게임 업계는 우리를 스크린 앞에 계속 붙잡아 두기 위해 이러한 중독적 성향들을 연구하고 사용자를 교묘히 조종한다. 중독의 대상이 무엇이든 중독의 과정은 동일한 경로를 따른다. 금지된 약물 사용이 불법이기는 하지만, 마약 사용이 중독으로 이어지는 경로는 다른 중독적 행동의 전개 과정과 같다. 캐나다의 심리학 교수 브루스 알렉산더Bruce Alexander는 이러한 점을 반영하여 "중독된 사람과 사회, 혹은 둘 다에게 해로운, 종류에 관계없는 (마약이나 알코올을 포함하지만 이에만 한정되지는 않는) 추구 행위에 과도하게 빠지는 것"으로 중독을 정의하였다(알렉산더, 2008, p. 29).

중독에 대한 우리의 이해는 도덕과 의학이 뒤섞이며 낙인과 차별로 훼손되었다. 질병 모델만으로는 중독을 효과적으로 이해하거나 치료하기에 충분하지 않고, 수동적이고 통제적 상황하에 치료를 장려하는 모델 사용으로 인해 종종 문제가 악화된다. 또한 중독자에게 자율권을 주고 개인의 힘에 바탕을 둔 모델을 등한시하여 회복을 촉진하지 못하고 감정적 고뇌를 병으로 취급해 버렸다. 질병 모델은 특히 알코올과 질병의 치료에 있어 환자를 특별 배려하고 과학적으로 접근하는 방법을 도입했지만, 마약 중독을 범죄화하는 사회적, 정치적 풍토 속에서는 그 낙인을 떼어 낼 길이 없다. 조금 더 발전한 형태인 생의학 모델에서는 중독에 관한 포괄적 이해와 효과적이고 통합적인 개입을 위해 심리학 모델과 사회적 모델을 통합할 필요가 있다. 중독에 이르는데는 여러 경로가 있는 만큼, 중독을 더 잘 이해하기 위해서는 생물학, 심리학, 사회적 환경이 어떻게 상호 작용하는지를 고려하고, 개인이 자신의 경험들을 인지하는 과정을 이해할 필요가 있다.

02

중독은 선택인가?

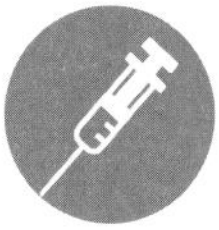

중독적 행동의 결과로 뇌가 변하는 것은 사실이지만 그렇다고 이것이 질병의 표지가 되지는 않는다. 신경 과학자이자 심리학 교수인 마크 루이스는 저서 『욕망의 생물학The Biology of Desire』에서 이러한 뇌의 변화는 모든 종류의 학습과 관련이 있으며, 뇌는 긍정적이건 부정적이건 가장 바람직하고 매력적인 경험에 반응하여 더 빠르게 변화하도록 프로그램 되어 있다고 지적한다. 뇌는 우리가 태어나기 이전부터 우리의 모든 경험에 반응하여 변화한다. 중독의 경우 이러한 변화는 남들이 이해할 수 없는 행동을 하도록 개인을 몰아간다. 왜 자신에게 해로울 것이 뻔한 일을 그것도 반복적으로 하기로 결정하는 것일까? 왜 그냥 중단하거나 '안 돼'라고 말하지 못할까? 사람들은 스스로 중독을 선택하는 것일까? 이런 질문은 중독자의 가족이나 가까운 친구들에게는 특히 어려운 질문일 수 있다. 이들 또한 중독되는 과정에서 겪었던 수많은 참상을 떠올리게 되기 때문이다. 당연히 이러한 질문에 대한 답은 복잡하지만 우리의 뇌가 어떻게 우리를 이끌고 동기를 부여하는지에 관한 지식을 조금이라도 얻게 되면 이해되기 시작한다. 우리가 어떤 행동을 반복하면 할수록 점점 더 습관이 되고 결국에는 이러한 행동이 더 자동적으로 일어난다. 그 결과 더 효율적으로 행동을 하게 되고 다른 어떤 일보다 인지적 자원을 쉽게 활용하게 된다. 중독은 이런 자연스런 과정의 극단적 형태로 볼 수 있다. 이번 장에서는 이러한 과정을 차근차근 설명하겠다.

뇌 구조의 이해

뇌는 우리가 경험하고 행한 모든 것의 경로를 정교하게 조각한다. 우리의 모든 기억과 경험이 뇌의 주름 안에 지도처럼 아로새겨진다. 뇌를 간단히 이해하려면 우선 뇌가 세 개의 층으로 이루어졌다고 생각하면 된다. 진화 과정에서 가장 오래되고 깊은 곳에 위치한 뇌의 하부 구조는 도마뱀의 뇌와 흡사하여 호흡과 체온 조절뿐만 아니라 싸우기, 도망가기, 번식을 담당하고 우리의 기본적 욕구, 본능과 필요를 관장한다. 그다음 층은 좀 더 포유류에 가까운, 조금은 늑대의 뇌와 유사한 부분이다. 늑대는 느끼고, 소통하고, 놀고, 배우고, 무리와 강한 사회적 유대 관계를 형성한다. 어미와 자신의 무리와의 유대가 생존에 필수적이기 때문이다. 대뇌 변연계가 뇌 중에서도 이 '층위'의 일부이며, 감정과 기억을 주관한다. 이러한 기능들을 감각과 고차원적 사고 과정과 조합해 환경을 평가하고 반응을 만들어 낸다. 이따금 어린아이들과 놀아 줄 때 아이가 거칠게 구르며 노는 동안 금세 공격적이다가 또 바로 사랑과 애정을 보이는 모습을 볼 수 있다. 이를 보며 우리가 무리 지어 사는 동물로

부터 얼마나 많은 진화를 이루었는지에 대해 경이로움을 느낄지도 모른다. 마지막으로 뇌에서 가장 최근에 진화한 부분은 대뇌 피질이다. 대뇌 피질은 우리를 인간답게 만들어 주는 뇌의 부분으로 자신의 경험을 성찰하고, 다양한 미래를 상상할 수 있게 한다. 또 스스로를 위한 목표를 세우고, 복잡한 문제를 생각하고 해결한다. 이런 여러 기능은 모두 통틀어 '집행 기능'이라고 알려져 있다. 이는 뇌가 총집행인 역할을 한다는 점에서 적합한 용어이며, 다른 기능들을 조합해 복잡한 능력과 행동으로 만들어 내는 역할을 한다. 이런 능력은 인간을 지구상 모든 기후에 적응 가능하게 해 주었고, 기술적 재능에 힘입어 끝없는 도전 앞에서 상상력과 끈기를 발휘할 수 있게 해 주었다. 뿐만 아니라, 환경과 서로를 파괴할 수 있는 참혹하고 독창적인 방법을 고안하게 이끌기도 했다. 우리가 혁신하지 않는다면 "어느 차원에서는 고깃덩이에 지나지 않고 또 다른 차원에서는 허상에 지나지 않는다(브룩스, 2003, p. 63)."

우리의 뇌는 애초부터 정돈되고 잘 조화된 묶음으로 설계된 것이 아니라, 수천 년을 두고 두 가지 중요한 정보 처리 방법이 가능하도록 진화해 왔다. 그중 하나는 느리고,

의식적이고, 성찰적이다. 뇌의 앞부분(앞서 설명한 대뇌 피질의 일부)을 사용하며, 손전등의 불빛처럼 주의를 기울일 방향을 제시한다. 따라서 빛을 비춘 곳에 주의를 집중하게 만든다. 그리고 다른 하나는 좀 더 빠르고 간편한, 충동적인 경로이다. 이 경로는 많은 무의식적 과정들을 따라가기 때문에 더 오래되고 깊이 위치한, 도마뱀 뇌의 일부와 늑대의 뇌와 연계되어 있으며 감정이나 동기 부여와 관련이 있다. 무의식적 과정이 항상 작동 중인 이유는 뇌의 이러한 부분들이 생존에 중요한 기능들과 연계되어 있기 때문이다. 이는 무의식이 종종 의식적 주의를 흩뜨리고 무효화할 수 있다는 의미이며, 느린 반응들을 장악해 우리가 미처 인식하기도 전에 행동하게 만들 수 있다. 그 결과 뇌는 '결함이 있는 것처럼' 느껴질 수 있다. 때로는 여러 개의 목표, 바람, 욕구들이 경쟁한 결과 우리가 여러 방향으로 동시에 끌려가는 것처럼 느껴질 수 있다. 가져서는 안 된다는 것을 알면서도 무언가를 원하는 것 같은, 우리가 '나쁘다'고 생각하는 모든 습관 기저에 깔려 있는 복잡한 여러 감정을 생각해 보자. 이런 사소한 결함이 우리를 비합리적이고, 때로는 예측할 수 없고, 놀랍도록 복잡하게 만들지만, 이 모든 것들이 인간의 정상적인 부분이다. 이런 경미한 결함 속에 중독이 어떻게 발전하고 자리 잡는지에 관한 답이 있다. 특히 이 답은 우리가 동기와 보상, 학습을 관장하는 뇌의 체계에 집중할 때 찾을 수 있다.

행동은 어떻게 습관이 되는가?

태어나기 전부터 우리의 뇌는 환경과 환경에 대한 우리의 해석에 반응하여 성장하고, 정보가 오가는 경로와 연결망을 갈고닦는다. 뇌는 살아가는 내내 변화하지만 특히 영아기 초기, 청소년기, 20대 초반에 급격하게 성장한다. 우리의 여러 경험이 뇌를 형성하고 뇌는 그 이후 경험들을 형성하며 평생 피드백을 주고받는 고리가 만들어진다. 학습하고 있을 때 뇌에서는 무슨 일이 일어날까? 새로운 경험을 하면 뇌의 뉴런들이 다른 뉴런들과 함께 활성화된다. 그리고 이러한 특정 경험에서 연상되는 것을 기록해 뇌에 기억이 저장되도록 돕는다. 이 사실을 1940년 심리학자 도널드 헵이 발견해서, 이러한 유형의 연상 학습을 '헵의 학습'

이라고 한다(헵, 1949). 우리가 무슨 일을 더 많이 하면 할수록 관련 뉴런 사이의 연결이 점점 더 효율적으로 이루어지며, 결국에는 이러한 모든 것이 뇌의 생물학적 구조에 기록된다. 경험은 우리의 생물학적 특징을 변화시킨다.

학습과 관련된 뇌의 변화는 강렬한 감정을 가지고 있을 때 더 빠르고 강하게 일어난다. 영아기, 청소년기, 20대 초반처럼, 인간 발달 단계에서 취약한 시점에 특히 그렇다. 마크 루이스는 "어떤 경험이 더 새롭고, 매력적이고, 흥미를 끌수록 뇌는 더 많이 변하게 되고, 그러한 변화는 더욱더 습관이 될 가능성이 높다"(루이스, 2015, pp. 32~33)고 설명했다. 어떤 행동이 우리에게 강하고 감동적인 의미를 갖게 되어, 이를 되풀이하고 또 되풀이할수록 그 행동은 더 습관이 된다. 이런 과정은 행동뿐 아니라 생각에서도 마찬가지로 일어난다. 특정 방식으로 생각하면 할수록 우리의 생각은 미래에 익숙한 패턴으로 빠지게 될 가능성이 커진다. 그 생각이 감정적으로 큰 의미가 있는 경우 특히 더 그렇다. 예를 들어 10대 시절 파티에 간다고 생각해 보자. 파티장에 들어서자 자신이 정말 좋아하는 남자애가 보인다. 그가 말을 걸자 얼굴이 빨개지고, 무슨 말을 해야 할지 아무 생각도 나지 않는다. 그가 떠날 때까지 대화하는 동안 내내 더듬거린다. 그러고는 당황한 나머지 뜨거운 열이 머리로 솟구친 상태로 다음과 같이 생각한다. '이런 바보가 다 있을까…… 걔가 왜 나 같은 애를 좋아하겠어…… 날 바보라고 생각할 거야'. 신경 세포들이 활성화되며 서로 연결된다. 나중에 집에 돌아와 머릿속으로 장면을 되돌려 보면 이런 뉴런의 연결이 더 강화된다. 그리고 다음에 그 남자애를 보면 설정된 회로대로 걱정하게 된다. 이와 비슷한 경험을 또 하면 이 회로는 한층 더 강해지고, 그 남자애와 함께 있을 때면 수치심을 예상하는 경향에 영향을 준다. 그러나 만남이 성공적이면 경로는 이를 반영하여 연결망을 업데이트하고 확장한다. 이 간단한 예를 통해 학습이 뇌의 각기 다른 부분들로 어떻게 퍼져 나가는지 알 수 있다. 즉 시각과 청각을 담당하는 피질 영역, 감정을 담당하는 편도체의 변연계 영역과 기억을 담당하는 해마, 동기 부여와 보상을 담당하는 선조체, 생각과 계획을 담당하는 전두엽 앞부분 피질로 학습이 전달된다.

행동은 보상과 벌의 상호 작용을 통해 형성된다. 자신을 파티에 갔던 여성이라고 생각하면, 수치심이라는 벌은 그 남자애, 더 나아가 남자 전체에 대한 앞으로의 행동 방식, 미래의 파티, 자신에 대한 느낌을 결정지을 수도 있다. 만약 자전거 타는 법을 배운다면, 자신이 느낀 성취감이라는 기쁨의 보상이 행동을 견인하여 자전거를 더 타도록 만들고 학습에 대한 자신감을 불어넣는다. 심리학을 공부한 적이 있다면 흔히 B. F. 스키너로 알려진 행동 심리학자 버러스 프레더릭 스키너Burrhus Frederic Skinner의 이름을 들어 보았을 것이다. 스키너는 자신이 '조작적 조건화'라고 명명한 실험을 했다. 스키너에 의하면 본질적으로 행동은 보상이 주어지거나(정적 강화) 싫어하는 것이 없어질 때(부적 강화) 강화된다. 또한 스키너는 보상이 규칙적으로 주어질 때보다 간헐적이거나 예측 불가능한 방식으로 주어질 때 행동이 훨씬 더 강화되고 더 오래 지속된다는 사실도 발견했다. 인간도 스키너의 실험 대상이었던 비둘기나 설치류와 매우 유사하게 행동하는 것으로 나타났다. 보상이 예측 불가능할수록 인간은 특정 행동을 더 추구하게 되는 것이다. 슬롯머신은 작은 보상은 꽤 자주, 중간 정도의 보상은 가끔, 잭팟은 매우 드물게 나오도록 설계되어 있다. 작은 행운은 무작위이지만 충분히 계속하고 싶을 정도로 자주 나온다.

이러한 설계는 너무나 성공적이어서 현재 카지노 수입의 대부분이 슬롯머신에서 창출된다. 슬롯머신에 중독된 사람의 경우 다른 형태의 도박보다 세 배에서 네 배까지 더 빠르게 중독된다고 알려져 있다(브린과 짐머만, 2002).

보상, 동기 부여, 중독과 공통적으로 관련 있는 뇌 영역은 선조체이다. 선조체는 '임상 신경학의 창시자'로 불리는 해부학자 토머스 윌리스Thomas Willis가 1663년에 붙인 이름으로, 줄무늬 혹은 '골이 겹겹이 파인 형태'인 생김새에서 유래했다. 무슨 일을 하려고 결정할 때 우리는 행위의 결과를 고려하고, 어느 행위를 할지 선택하고, 행위의 결과에 따라 다음 행동을 바꾼다. 복잡한 결정에는 뇌의 여러 영역이 참여하는데 그 연결들이 선조체로 수렴되면, 선조체는 우리가 무엇을 원하는지를 파악하고 이 결정대로 할 만한 가치가 있는지 결정한다. '중격 의지 핵'이라고 불리는 '배측 선조(선조체의 아랫부분으로 네발 달린 동물의 배 부분에 해당한다고 하여 붙여진 이름)'의 일부는 다른 뇌 영역과 긴밀히 연결되어 있다. 즉 의미와 기대를 관장하고 충동을 조절하는 전두엽, 감정의 경보 장치인 편도체, 내부 상태(고통이나 갈망 같은 경험)를 의식적 경험으로 바꾸는 섬 피질, 행위를 지배하는 운동 영역, 그리고 피질 영역과 피질하 영역의 기억 회로와 모두 연결된다. 중격 의지 핵은 집중, 인식, 의미와 행위를 주로 관장하며 충분히 동기 부여가 되면 원하는 목표를 향해 일편단심으로 나아가게 한다. 이것이 실제 행위에서는 어떻게 작용할까? 자신이 몇 시간 동안 일을 하고 있다고 가정해 보자. 집중력이 흐트러지는 것을 느끼고 있는데, 섬 피질이 작동하여 이러한 상태를 의식하게 만들어 준 덕에 아무것도 먹지 않았다는 사실을 깨닫는다. 그리고 이것이 갑자기 설탕에 대한 갈망으로 이어진다. 중격 의지 핵이 활동하기 시작한다. 음식을 원한다. 이는 강력한 충동이다. 식사에 대한 기억과 생각이 피질 영역에서 몰려들기 시작하고, 전두엽 피질에서는 냉장고에 무엇이 있을지 생각하며 레시피를 짜기 시작한다. 장 보는 것을 잊었다는 사실을 깨닫자 편도체는 '아, 안 돼'라는 가벼운 충격을 보낸다. 머릿속으로 찬장 안에 넣어 둔 비스킷 한 봉지가 섬광처럼 스친다. 중격 의지 핵에서 전두엽 기저 표피질 OFC(전두엽 피질의 아랫부분)로 투사된 것들이 뇌의 이 부분을 자극해 선택할 수 있는 옵션들을 서로 저울질하며 감정과 예상되는 결과의 상대적 가치를 진단한다. '뭔가 좀 건강한 것을 먹어야 해, 살이 찌면 안 되니까…… 그러나 난 계속 일을 열심히 한데다 오래 지체할 시간도 없어…… 비스킷 두세 개만 먹고 나중에 제대로 먹자'. 중격 의지 핵이 이 정보를 받고, 주의를 좁히기 시작하자 갈망은 점점 커진다. 이는 생각을 유도해 자신의 행위를 승인하고 행위의 패턴이 선택된다. 이제 비스킷을 가져다 먹으며 다시 일을 시작한다. 그리고 5분 후에는 봉지가 반이나 비어 버린 것을 발견한다.

이런 전 과정은 신경 전달 물질인 도파민에 의해 진행되는데, 도파민은 자주 오해의 대상이 되어 왔다. 도파민은 복측 피개 영역VAT이라고 부르는 중뇌의 영역에서 분출되어 중격 의지 핵을 활성화시키고 갈망의 사이클을 작동시킨다. 학자들은 처음에는 도파민을 '쾌락 화학 물질'이라고 생각했는데, 보상 또는 보상과 관련된 무엇인가에 반응하여 도파민이 분비되었기 때문이다. 그러나 도파민이 벌을 받을 때도 분비되며, 보상이 예측 가능하고 반복적일 경우 보상을 받기 바로 직전에도 분비된다는 것이 밝혀졌다. 또한 보상이 간헐적이고 예측 불가능할 때에는 도파민이 더 많이 분비되는 것으로 나타났다(베리지와 크린겔바흐, 2008).

지금 우리 뇌에서 무슨 일이 일어나고 있는 것일까? 최근 연구를 보면 이 도파민이 기대를 충족하기 위하여 다른 시스템과 신경 전달 물질과 어떻게 협업하는지에 관한 좀 더 섬세한 이해가 가능하다. 사람은 원래 스토리텔러이며, 우리의 삶에서 종종 예측 불가능한 세상을 이해하게 해 주는 패턴을 찾는 것을 좋아한다. 우리는 '정신적 시간 여행'과 '미래 예측'을 하느라 시간을 보내는데, 이제 우리는 도파민이 보상이나 벌의 '기대' 반응으로도 분비된다는 사실을 안다. 도파민이 가장 많이 분비되는 때는 기대가 충족되었거나, 패턴을 인식했을 때, 성취로 인해 즐거울 때와, 목표를 달성했다는 것을 아는 순간이다. 이러한 사실은 내가 스코틀랜드에서 상담했던 헤로인 중독자들 사례에서 찾아볼 수 있다. 중독자들은 '이를 달달 떨면서', 즉 금단 증상으로 땀을 흘리거나, 몸을 떨거나, 흥분한 가운데서도 마약 중개상을 만나러 시골길 깊은 눈 속을 헤치며 먼 길을 걸어와 자신이 지금 얼마나 절박하게 마약이 필요한지 말하곤 했다. 그들의 증상이 거의 즉시 사라진 순간은 마약이 정맥이나 뇌 속에 들어간 시점이 아니라 마약이 든 비닐 봉투를 손에 넣은 순간이었다. 도파민이 이끌어 내는 것은 보상이라는 충족감이 아니라 추적과 획득, '내가 찾아냈어!'라는 흥분과 힘이다.

헵의 학습을 기억하는가? 도파민은 동기 부여와 보상을 추구하게 만들 뿐 아니라 기억력 형성에도 중요한 역할을 한다. 과거 경험들이 미래의 행동을 안내하고, 도파민 분비는 어떤 보상이 어떤 행동과 연관되어 있다는 것을 학습하게 하고 그것을 신경망에 기록한다. 도파민은 이 부분은 강화하고 저 부분은 쳐내면서 뇌의 회로를 변화시킨다. 도파민이 더 많은 신호들을 모을수록 더 많이 보상과 연결시키게 되므로, 행동이 반복되면 될수록 연결망은 더 튼튼해지고 점점 더 골고루 분산된다. 동물 실험에서 쥐에게 보상이 예견되는 신호를 더 많이 보여 줄수록, 또 보상이 예견되는 신호를 예측할 수 있는 신호를 더 많이 보여 주면 줄수록, 이 신호들은 중격 의지 핵을 더 많이 자극했다. 이는 시간이 지날수록 이러한 사이클이 점점 더 증가하고 이로 인해 보상으로 주의가 쏠리게 된다는 의미이다. 그 결과 도파민은 점점 더 일찍부터 분비되기 시작하며, 보상에 대한 갈구와 열망이 점점 더 강해졌다. 이런 과정은 켄트 베리지와 테리 로빈슨의 공동 연구로 밝혀졌으며 '유인-민감화

incentive sensitization 이론'이라고 이름 붙여졌다(2016). 이 과정은 점점 커지며 돌아가는 소용돌이와 비슷하다. 연관된 모든 신호를 흐름 속으로 잡아당겨 중심 핵으로 가져간다. 새로운 자극이 보상을 추구하는 과정에 포함될 때마다 그 자극은 도파민 네트워크에 묶인다. 이것이 베리지와 로빈슨이 '유인 현출성incentive salience'이라고 부른 과정이다. 도파민은 '이건 중요해! 집중해!'라는 메시지를 보내면서 이러한 자극에 대해 주의를 환기시킨다. 그리하여 생성된 신호들의 사슬은 보상에 의해 점점 커지게 되고 마침내 어떠한 신호 하나만 있어도 일련의 과정이 연속적으로 나타나 모두 같은 결과로 이어진다. 더 많은 신호가 연계될수록 저항은 더 어려울 것이다. 모든 것이 보상을 가리키고 있기 때문에 앞으로는 모든 자극이 이 편향된 필터를 통해 쏟아져 들어온다.

우리의 뇌는 패턴을 찾는 데 고도로 숙련되어 있다. 다만 사소한 결함이 있다면 무작위로 발생한 사건들을 서로 연관 지어 생각하는 것이다. 이렇게 해서 우리는 혼돈에 질서를 부여하게 된다. 그 결과 우리는 창의력을 발휘할 수 있지만 때로는 음모와 미신에 혹하기도 한다. 무작위적 신호들을 서로 연관 지으면 우리의 뇌가 중요하고 보상이 따르는 경험들을 각인시키는 데 도움이 된다. 그 결과 뇌는 이러한 경험들을 다시 찾아내는 방법을 알 수 있게 된다. 그러면 뇌는 이러한 경험들과 관련된 신호 쪽으로 치우치게 된다. 또한 어떤 것이라도 '신호'나 '유인 현출성'이 될 수 있다. 헤로인에 중독되었던 많은 사람들은 은박지를 보는 것만으로 도파민이 불을 지핀 갈망과, 기억의 홍수와, 그에 따르는 열망이 촉발되었다고 이야기한다. 헤로인에 불을 붙이는 데 은박지가 사용되기 때문인데, 이 은박지를 타고 올라가는 연기의 형태를 따라 '용 쫓아가기'라는 이름이 붙어 있다. 불안이나 끔찍한 기억을 되살아나게 하는 내적 경험도 신호가 될 수 있어서, 스치듯 지나가는 경험도 걷잡을 수 없는 연쇄적 사건을 불러일으킨다. 특정 행동이 많이 되풀이되면 될수록 무작위 신호가 보상 네트워크를 활성화, 즉 그로 인한 보상을 더 열망하고 추구하도록 자극하는 것으로 보인다. 이 자체는 질병도 아니고 역기능적 과정도 아니며 그저 우리가 습관을 형성하는 방식일 뿐이다.

베리지와 로빈슨의 연구는 여러 이유로 중요하지만 이 연구에서 핵심은 중독이 쾌락적 즐거움을 좇는 것이 아니라는 인식이다. 이 연구에 따르면 도파민의 지배를 받은 '욕구'는 '좋아함'과 관련이 없다. 실제로 중독적 행동은 민감화된 욕구의 반영일 뿐이며 보상을 더 이상 좋아하지 않더라도 이러한 행동을 하게 된다. 이러한 결과는 마약, 알코올, 음식, 컴퓨터 게임 및 다른 행동에 중독된 사람들의 경험과도 일치한다. 처음에는 보상이 약간의 즐거움이나 진통 효과가 있을지 모르지만 행동이 습관이 되고 더 강박적으로 변하면 원하거나 좋아하지 않아도 그것을 좇아야만 한다고 느껴지며 그저 소용돌이에 휩쓸린 채 저항하려 분투할 뿐이다.

어떻게 습관이 강박이 되는가

대부분의 경우 이런 습관들이 모두 중독으로 이어지지는 않지만 몇 가지가 중독될 가능성을 높일 수 있다. 첫째는 반복과 도파민이 보상 경로들을 형성하는 방식에 의해서이다. 이러한 보상 경로는 자신의 욕구를 점점 더 효율적으로 따라가게 되고 연결 신호들을 점점 더 많이 잡아낸다.

무언가를 원하고, 얻는 과정을 반복함에 따라 도파민 경로는 점점 더 배 쪽, 즉 선조체의 아랫부분에서 더 자동적인 반응을 관장하는 등 쪽(윗부분, 돌고래의 등지느러미처럼)으로 서서히 옮겨 간다. 뇌의 이 부분은 과잉 학습된 반응들과 신호를 연결하여 우리가 생각하지 않고도 행동할 수 있게 만들어 준다. 반면 그만두고 싶을 때 행동을 그만두는 것은 어려워진다. 이는 행동이 의식적인 생각에서 시작되지만 반복을 통해 점점 더 강박적이 되고, 행동을 바꾸기 어려워지는 과정이 어떤 것인지 보여 준다. 많은 연구자와 임상학자들은 바로 이때 어떤 행동이 중독으로 가는 보이지 않는 선을 넘는다고 생각한다. 예전에 이러한 행동이 얼마나 위험하고 피해를 주었는지는 여기에서 중요하지 않다(에버릿과 로빈스, 2013). 이 시점에서는, 당신이 행동하고 싶지 않고 그렇게 행동하는 것을 멈추고 싶더라도 강박이 강해지고 확대된 신호 연결망으로 인해 심지어는 미처 인식하기도 전에 행동 개시로 이어진다. 이것이 종종 이해하기 힘든 중독의 일부이다. 전혀 의식하지 못했기 때문에 명백한 유발요인이나 행동 계획이 없다고 느끼는 때에도 '그냥 일어났다' 또는 '내가 거기 있는 것을 발견했다'라는 느낌이 든다.

일반적으로 무의식적 습관을 갖는 것은 매우 유용하다. 습관이 되면 처리하는 데 힘이 들지 않고, 자주 반복되었던 행동 패턴은 매번 의식적으로 계획하거나 행동할 필요가 없어진다. 신호를 받으면 계획이 자동적으로 실행된다. 매일 같은 도로로 운전하여 직장으로 간다. 그리고 어느 날 다른 길로 꺾어 친구 집으로 가려던 참이었는데 같은 도로로 들어선다. 자신이 직장으로 가는 길을 달리고 있으며 방향 트는 것을 잊어버렸다는 사실을 한참 후에야 깨닫는다. 뇌가 같은 시간에 집을 떠나, 차를 타고, 좋아하는 라디오 프로그램을 들으며, '직장으로 운전하라 알고리즘'을 일깨우는 신호를 선택하고, 주의를 기울이지 않은 사이에 '자동 주행 모드'를 실행한 것이다. 이것은 전혀 비정상적이거나 병적인 것이 아니다. 그저 방심한 탓일 뿐이고, 우리 의식이 잠시 자리를 비우고 일에서 물러나 무의식적 프로그램이 과잉 학습된 일련의 사건들을 행하도록 내버려 두었다는 신호이다. 부정적 결과에 직면해서도 특정 행동 경로를 지속하는 것은 적응력이 있다는 뜻으로 우리를 생존할 수 있게 돕는다. 우리가 사랑과 의무감으로 기저귀를 갈고 화내며 울어 대는 아기를 달래고 잠 못 자는 밤을 참아 내지 않는다면, 결코 부모가 될 결심을 못했을 것이다. 사실 동기 부여와 보상과 관련된 동일한 뇌 영역은 유대감, 관계, 사랑과도 연관되어 있다. 집착, 심사숙고, 삶의 다른 부분은 무시하는 성향, 특정 경로만 고집하려는 열망은 중독뿐만이 아니라 사랑의 표지일 수도 있다.

둘째 요인은 동기 부여와 함께 우리가 편도체와 전두엽 기저 표피질로부터 받는 메시지이다. 얼마나 이 보상을 원하나? 얼마나 이 보상이 필요한가? 다른 어느 곳에서도 얻을 수 없고 여기서만 얻을 수 있는 것은 무엇인가? 우리가 특별한 보상을 쫓는 처음 몇 번의 경우 이러한 경험의 의미는 매우 특별하다. 반복과 주기적인 기대는 갈망을 강화하고 관심을 집중시키지만, 보상이 우리가 진심으로 필요로 하는 것일 때 이런 일이 더 빠르고 심각하게 일어난다. 감정은 생존에 필수적인 것들에 우리의 주의를 환기시킴으로써 우리가 학습하는 방식에 힘을 실어 준다. 이 지점에서 마크 루이스가 “뇌의 동기 부여 중추”(2015, p. 81)라고 부른 선조체, 편도체, 전두엽 기저 표피질 사이의 연결이 진가를 발휘한다. 편도체는 우리에게 경험, 생각, 감각에 대해 어떻게 느껴야 하는지와 이와 관련해 무엇을 해야 하는지를 알려 준다. 또한 전두엽 기저 표피질에 의해 증폭된 감정의 근원에 주의를 기울이게 한다. 전두엽 기저 표피질이 약간의 분석을 추가해 상대적인 보상과 위험을 저울질하면, 이후 편도체는 전전두엽 피질의 다른 부분들로 메시지를 보내고 이 부분들에서 세세한 성찰과 심사숙고가 더해진다. 만약 감정적으로 걸려 있는 것이 많으면 생각이 강박이 되고, 심사숙고가 더 신중한 심사숙고가 되고, 보상의 대상에서 주의를 환기하기가 어려워진다.

이러한 모든 것에도 불구하고 마약을 사용하고 술을 마시고 기름기 많은 음식을 먹고 나쁜 습관을 가진 대부분의 사람들은 중독되지 않고 잘 살아간다. 물론 많은 상황에서 정크 푸드를 덜 먹거나 페이스북에 시간을 덜 소비한다든지 하는 선택이 더 바람직하기는 할 것이다. '전원 차단'을 하면 무슨 일이 일어날까? 동기 부여 중추의 충동을 억제하는 뇌 부위는 등외측 전전두엽 피질이다. 그러나 충동이 강박으로 변하면 문제가 생길 수 있다. 뇌 이미지 연구 결과에 따르면 반복적이고 동기가 유발된 행동의 초기 단계에서는 등외측 전전두엽 피질이 더 활발하게 작동하지만, 시간이 지나면 동기 중추에 대한 통제력이 약화되기 시작한다. 장기적 중독의 경우에는 이 부위의 피질이 아예 사라질 수도 있다(골드스타인과 볼코우, 2011). 우리의 의식적인 통제 메커니즘이 끊기는 것이다. 오랜 습관을 끊기 어려운 이유가 바로 이것인데 습관이 더 강박적일수록 의식적 통제가 더 힘들어진다. 마약이 뇌를 점령했다기보다는 중뇌가 등외측 전전두엽 피질을 장악해 버리는 것과 같다. 왜 이 같은 일이 벌어지는지는 전혀 알려져 있지 않다. 한 가지 이론은 헵의 학습과 똑같은 과정의 일부라는 설명이다. 이러한 연결을 덜 사용하면 이는 관련된 시냅스가 정리되는 결과로 이어진다. 이때 뇌를 스캔하면 이 영역의 '회백질이 줄어든 것'으로 나타난다. 우리는 이런 회백질의 축소가 마약 사용으로 인한 손상 때문이 아니라는 것을 알고 있다. 폭식하거나 강박적이거나 자기 통제가 불가능한 사람들의 뇌에서도 똑같이 회백질 축소와 뇌의 변화가 관찰되기 때문이다(스미스와 로빈스, 2013). 대부분의 경우 등외측 전전두엽 피질은 동기 유발 보상 시스템의 균형을 잘 맞추어서 여러 번 학습된 행동을 되풀이하더라도 행동에 브레이크를 걸 수 있을 것이다. 그러나 이들 시스템에는 여러 가지 이유로 불균형이 생겨나는데 이에 관해서는 다음 장에서 자세히 다룰 것이다.

또 다른 이론에서는 의식적인 억압이 의지력을 고갈시킨다고 설명한다. 이는 '자아 고갈' 또는 '자아 피로'로 알려져 있다. 근본적으로 욕구와 충동을 몰아내려고 애쓰면 애쓸수록 의지력은 점점 더 고갈되며, 어쩔 수 없다고 포기할 때까지 이러한 상황이 지속된다(바우마이스터 외, 1998). 의식적으로 억제하려는 시도는 자기 통제력을 약화시킬 뿐이다. 본질적으로, 일단 '유인-민감화' 과정이 주의력을 통제한 상태로 행동을 지시하고 있으면 '단호하게 아니라고 말하기' 기능은 작동하지 않는다. '임시방편'의 충동적 과정이 주의력을 붙잡아 보상 신호 쪽으로 향하게 하며 더 느리고 심사숙고하는 과정이 아직 따라잡기도 전에 행동을 촉발시킨다. 일단 이 과정이 실행되면 '멈춰…… 하지 마!'라는 의식적 요구를 통해 행동을 통제하기가 더 어려워진다. 마크 루이스는 관점을 바꾸고 감정 상태를 재설정해야 이런 자기 통제력의 고갈을 피할 수 있다고 지적한다. "세이렌Siren(그리스 신화에 나오는 바다의 요정으로 노래로 유혹하여 배를 난파시킨다고 한다. 오디세우스가 항해 중 이들 노래의 유혹을 이기기 위해 자신의 몸을 돛대에 결박한 것으로 알려졌다.—옮긴이 주)의 노래에 저항하기 위해 자신의 몸을 돛에 묶는 대신, 세이렌이 죽음의 사신임을 인식하고 그들의 노래를 배경 소음으로 재설정해야 한다(2015, p. 185)."

대부분의 사람들은 아무리 어떤 것을 하지 않으려고 주의를 딴 데로 돌리고 눈을 감아 보아도 피하려고 노력한 것만 생각하고 있다는 사실을 깨닫게 되는 때가 있다. 우리의 마음은 꼭 이런 식으로 작동한다. 북극곰을 생각하지 않으려고 아무리 노력해도 그 단어 자체가 북극곰에 대해 자신이 가지고 있는 이미지, 생각, 연상 들을 떠올리게 만든다. 등외측 전전두엽 피질이 동기 부여 중추에서 분리되면 우리에게는 충동을 억누르는 유치한 기술만이 남는다. 그 결과 마치 우리가 '저걸 가지고 싶어! 아니, 그래서는 안 돼!'라며 자신과 싸우는 것처럼 느껴질 수 있다. 많은 경우에 우리가 지쳐 스스로에게 굴복할 때까지 이러한 싸움이 지속된다. 우리가 이미 피곤하고 스트레스를 받거나 다른 일들이 원하는 대로 되지 않을 때, 그 결과 스트레스 경감, 즐거움, 스트레스 탈출이 커다란 의미를 지닐 때 더 쉽게 굴복하는 경향이 있다는 것을 알아챘을지 모른다. 뇌 용어로 우리가 약하고 무방비 상태일 때, 보상은 더욱 '동기 부여 측면에서 현출적'일 수 있고 우리는 보상 가능성을 암시하는 신호를 향해 더 편향될 것이다. 이는 월터 미첼 팀이 어린이를 대상으로 만족 지연을 연구하기 위해 고안한 1960년대 스탠포드 대학교의 마시멜로 테스트에 잘 나타나 있다(미쉘 외, 1989). 이 실험에서는 취학 전 어린이들에게 지금 바로 마시멜로 하나를 먹든 몇 분만 기다려 두 개를 받든 둘 중의 하나를 선택할 수 있다고 알려 주었다. 유튜브에 올라와 있는 수천 개의 영상에는 어린이들이 마시멜로를 애써 무시하고, 만져 보고, 냄새 맡아 보고, 먹는 시늉을 해 보고, 찌그러뜨려 보고, 갉아먹거나 핥아 보는 모습이 담겨 있다. 특히 좀 더 어린아이들은 종종 유혹에 굴복했다. 우리가 원하는 것, 특히 감정적으로 우리에게 중요한 것들(마시멜로는 세 살짜리에게는 감정적으로 매우 중요하다)은 우리의 주의를 사로잡고 즉각적인 호소력을 지닌 채 우리 눈앞에 왔다 갔다 한다. 이런 기제는 '지연 할인delay discounting' 또는 마크 루이스의 표현대로 '현재의 호소력'이라고 알려져 있다. 이는 선조체와 전두엽 기저 표피질을 통해 솟구쳐 나오는 도파민의 또 다른 결과이다. 이로 인해 마치 위에 번쩍이는 커다란 화살표라도 붙은 양 보상을 의미하는 신호들의 등장에는 주목하게 되고, 미래의 보상이나 목표가 아무리 자신과 주위 사람들에게 명백하거나 중요하더라도 이러한 것들은 중요하지 않게 여겨진다.

강박이 질병이 될 수 있나?

중독 자체를 질병으로 보든 아니든 중독이 여러 신체적 질병으로 이어질 수 있다는 것만큼은 분명하다. 음식 중독은 서구 사회, 특히 미국에서처럼 '유행병' 수준의 비만의 원인이 된다. 음식 중독은 확실하게 '질병' 군으로 분류되는 심혈관 문제와 뇌졸중의 위험의 증가를 포함하여 여러 가지 건강상의 문제로 이어진다. 장기간의 약물 사용 또한 약물 그 자체뿐만 아니라 약물 사용에 따른 생활 방식으로 인해 많은 정신적, 신체적 건강 문제의 위험을 증가시킨다. 약물 사용은 외상성 뇌 손상traumatic brain injury, TBI의 가능성을 더 높이는데 TBI는 충동 조절을 더 어렵게 만들고 미래에 위험한 행동을 할 가능성을 높인다(코리건 외, 1995). 대부분의 만성적 마약 사용과 이로 인한 자기 방치도 뇌의 전두엽에 손상을 주어 판단력, 충동 조절, 기억력과 감정 처리 기능을 저하시키므로 시간이 지날수록 마약은 조절 능력을 손상시키고 행동을 변화시킬 수 있다(페르난데즈-세라노 외, 2011).

알코올이 간에 미치는 영향은 잘 알려져 있으며 전 세계 사망 원인 중 1%가 알코올성 간 질환으로 인한 것이다(렘 외, 2013). 그러나 장기간에 걸친 과다한 알코올 사용이 뇌에 미치는 영향은 덜 알려져 있는 편이다. 알코올이 기억에 영향을 주는 방식에 대해서는 아마도 익히 들어 알고 있을 것이다. 특히 빈속에 과음했을 때 필름이 끊겼다거나, 아침에 일어나 보니 핸드폰에 보낸 기억도 없는 후회 막심한 문자가 남아 있는 경험을 한 적이 있을 것이다. 알코올이 망설임을 줄이고 판단 능력을 손상시킨다는 사실은 전혀 놀랍지 않다. 그러나 장기에 걸친 과음은 '인지 능력'이나 기억, 언어, 인식 능력, 계획이나 문제 해결처럼 전두엽의 '집행' 능력에 좀 더 오래 지속되는 영향을 미칠 수 있다. 이런 결과 중 일부는 비타민 부족으로 인한 것이며, 특히 티아민 혹은 비타민 B1 결핍의 결과이다. 다시 말해 알코올성 뇌 손상alcohol-related brain damage, ARBD의 일종인 '베르니케-코르사코프 증상wernicke-korsakoff syndrome, WKS'을 야기한다. 이러한 '집행 기능'의 문제는 회사로 치면 최고 책임자가 잠시 공석이어서 직속 부서들이 감독 없이 운영되는 상황과도 같다. 아마도 일상적인 업무는 그런대로 돌아가겠지만 새로운 과제는 관리하기 어려울 것이고, 일의 체계가 없어지고 효율이 떨어질 것이며, 각각의 부서가 모두 제각각의 방향으로 일을 진행하여 마침내는 엉망이 되어 무너지게 될 것이다. 중요한 사실은 이런 것들이 우리가 문제를 파악하고 그 문제를 해결하기 위해 행동을 바꾸는 데 필요한 능력이라는 점이다. 이는 장기간의 과음과 영양 결핍으로 인해 더 이상 자신의 행동을 바꿀 수 없게 될 수도 있다는 의미다. 더 나아가 바꿀 필요가 있다는 사실조차 깨닫지 못하게 된다는 뜻이다(브라이온 외, 2014). '베르니케-코르사코프 증상'은 때로 미미한 정도에 그치지 않을 수도 있다. 안구 운동 장애나 안근 마비, 균형과 보행 이상, 인지능력 장애 같은 온갖 종류의 증상이 특징인 초기 단계의 '베르니케 뇌병증'은 티아민으로 치료하지 않을 경우 치명적 질병이 될 수 있다. 또한 치료하지 않을 경우 2차 증상인 '코르사코프 증상'으로 발전할 수도 있다. 위에서 나열

한 '집행 기능'의 문제뿐 아니라 심각한 기억력 상실 또는 새로운 기억을 형성하는 데 문제가 생기는 것으로 잘 알려져 있다. 우리의 기억에는 우리의 전 생애가 담겨 있다. 우리는 이러한 기억을 우리의 일상 습관을 관리하고 자신이 누구인지를 알고, 사회 안에서 제대로 기능하기 위해 사용한다. 기억력의 상실은 매우 파괴적인 일이며 장기 치료가 필요하게 될 수도 있다.

알코올성 뇌 질환으로 진단받은 사람들은 종종 자신에게 닥친 일에 매우 당황해 한다. 알코올이 뇌에 미치는 파급력이 인생을 송두리째 바꿀 정도인데도 이에 대해서는 잘 알려져 있지 않기 때문이다. 알코올성 뇌 질환으로 진단받은 사람들에게 대중에게 알리고 싶은 정보가 무엇이냐고 물으면 그들은 이런 사실을 널리 알리고 싶다고 종종 대답한다. 알코올은 기억과 정체성을 앗아 갈 수 있으며, 심각한 수준의 음주는 음식 섭취와 다른 기본적 욕구를 무시하게 만들 수 있다. 그러나 다행스러운 사실은 주변의 가용한 지원을 받고 알코올을 끊어 뇌에 회복할 기회를 주고, 티아민이 풍부한 식이 요법을 하면 이 모든 문제를 완전히 예방할 수 있다는 것이다. 문제를 일찍 발견하면 할수록 회복할 확률은 높아지며 질환이 있던 약 75%에 달하는 사람들이 최소한 어느 정도는 회복된 것으로 나타났다(코플만 외, 2009).

그렇다면 중독이 선택인가?

이제까지 알아본 바와 같이 습관적 행동은 언제나 선택에서 시작된다. 그러나 우리 뇌의 학습 방식을 통해 충분한 반복이 이루어지고 감정적으로 중요하다고 느끼면, 행동은 점점 자동적이 되고 의식적 통제가 어려워진다. 대안이 있다는 것을 알지만 그 대안을 붙잡기가 어려워지는 것이다. 중독적 행동의 경우 뇌는 우리를 속여 점점 더 벗어나기 힘든 비탈길로 빠져들게 만든다. 통제력이 약화되는데도, 우리가 선택한다고 말할 수 있을까? 아무리 심각한 중독의 경우에도 사람들이 내내 중독을 좇는 것은 아니다. 그렇다면 자신의 의도에 대한 판단을 내릴 수 있다. 어떤 시점에 약물 사용을 중단할 수 있다면 다른 시점에는 분명 약물 사용을 선택한 것이 아닐까? 보통 이에 대한 답은 그렇게 간단하지 않다. 칼 하트 교수와 동료 연구진은 시설에 머무르고 있는 사람들을 대상으로 선택을 제안했을 때, 크랙 코카인에 만성 중독이 된 사람들이 의약품 등급의 크랙 코카인보다 돈을 선택한다는 사실을 보여 주었다(하트, 2013a). 이런 결과는 마약이 너무나 중독성이 심해서 사람들을 노예로 만들고 통제 불능으로 만든다는 언론의 집중 포화와는 대조된다. 칼 하트는 이런 실험 결과를 근거로 어느 정도 범위 내에서는 선택이 가능하다고 주장한다. 하지만 기회가 거의 없는 불우한 지역 사회에서는 마약 사용이, 심지어 중독적 사용조차 수긍할 수 있는 대안이다. 우리가 유인 민감화와 행동 강화에 대해 알고 있는 지식을 고려하면, 칼 하트의 실험을 좀 더 현실적인 환경, 즉 중독자들이 마약을 사용하도록 부추기는 신호들로 둘러싸인 곳에서 실험을 다시 해 보는 일도 흥미로울 것이다. 가령 중독자가 자신의 집이나 길거리에 있다든지, 연구자 옆이 아닌 같은 중독자 옆에 있다면 어떤 일이 일어날까? 아무리 심각한 중독하에서도 선택은 가능하다는 결과가 나오겠지만 강박과 자기 통제 장애가 심해질수록 그 가능성의 범위는 점점 좁아질 것이다. 중독적 행동이 계속됨에 따라, 중독자에게는 상실감, 수치감, 죄의식이 점점 커지게 된다. 그런 느낌이 여러 신호와 합쳐져 중독적 행동의 과잉 학습된 패턴을 촉발하고 이러한 쪽으로 기울 수 있다.

처음부터 중독이 되기로 작정한 사람은 아무도 없으므로 돌이켜볼 때 중독은 선택이 아니라고 주장할 수도 있을 것이다. 강박으로 빠져드는 과정은 서서히 일어나며, 행동과 중독을 명백하게 구분할 수 없다는 것을 우리는 알고 있다. 또한 약물 사용으로 인한 대가와 혜택을 고려한 판단이 점차 중독 행위 쪽으로 기울게 된다. 선택은 동기 부여에 의해 결정되고, 이성이 개입하지 못할 때가 많다는 점도 잘 알고 있다. 통제를 연속적인 하나의 선으로 생각해 보면 이해에 도움이 될 것이다. 이러한 선의 한쪽 끝에는 '완전한 통제/초월적 의지력'이 있고, 반대편 끝에는 '통제의 완벽한 상실/강박 자동화'가 있다. 우리는 여러 다양한 요소에 따라 이 연속선상에서 각기 다른 지점에 놓일 수 있으며, 그 요소에는 감정 상태, 숙면을 취했는지 여부, 병력, 사회적 압박, 스스로 느끼는 자신의 이미지, 특정 습관에 얼마나 많은 신호들이 함께 얽혀 있는지 등이 포함된다. 이러한 요소들이 몇 가지가 되든, 우리는 그중 많은 것을 전혀 의식하지 못 할 가능성이 있다. 우리는 이런 요소들이 변함에 따라 연속선 위를 오르내릴 수 있고, 다양한 행동들로 인해 같은 연속선상의 각기 다양한 지점에 위치해 있을 수 있다. 이 연속선에서 우리의 위치는 많은 내부적, 외부적 요인에 영향을 받는다. 이에 관해서는 다음 장에서 다룰 것이다.

03

모두 중독되지는 않는다, 왜?

1980년대 사회에서 "[마약에 대해] '안 돼'라고 말하세요"라는 메시지로 대표되는 마약과의 전쟁 캠페인을 보면서 자란 사람들은 아마도 마약은 심각한 중독성이 있고 뇌에 손상을 준다는 믿음에 젖어 있을 것이다. 강력한 마약에 노출되면 즉시 중독될 수 있다. 달걀 프라이처럼 지글지글 끓는 '마약에 중독된 뇌'에 관한 광고를 기억하는가? 모든 잘못은 오롯이 이 불법적이고 위험한 약물 탓으로 돌려졌다. 피해를 방지하기 위해서는 마약을 금지해야 한다고 주장했다. 마약 사용과 중독으로 인한 죽음은 분명히 비극적이다.

뿐만 아니라 불법적 마약 사용은 위험하므로 이러한 조치는 여러모로 이해할 만하다. 그러나 이런 접근 방식에는 몇 가지 문제가 있다. 중독의 종류에 상관없이 모든 중독적 행동이 비슷한 과정을 밟는다는 점을 이해하고 나면 마약 중독의 원인으로 마약을 꼽는 것이 약간 혼란스럽게 느껴지기 시작한다. 알코올 중독이 알코올 탓인가? 폭식과 비만이 음식 탓인가? 알코올 금지의 부작용은 우리가 익히 알고 있으며, 음식을 금지할 수는 없다. 그렇다면 한 번만 접해도 바로 중독이 될 정도로 참을 수 없다는 크랙 코카인과 헤로인 같은 마약에 대한 이야기는 어떻게 받아들여야 할까?

마약이 어찌할 수 없을 정도로 중독성이 강하다는 이론은 동물을 대상으로 한 임상 실험을 통해 나온 결론이다. 실험에서 동물들은 어떤 상황에서는 모르핀, 헤로인, 코카인 같은 마약을 스스로 끊임없이 주입했다. 심지어 어떤 경우에는 죽을 때까지 음식과 물은 거들떠보지도 않았다. 브루스 알렉산더 교수는 이 실험 대상 쥐가 우리에 갇힌 상태이고, 고립되었다는 점을 들어 이와 유사한 이전 연구 결과의 해석에 의문을 제기하였다. 1977년 알렉산더 교수는 연구진을 꾸려 이전 실험에서처럼 비좁고 황량한 우리가 아닌, 집 같은 실험실인 '군락 주거지'를 지었다. 그곳에는 삼나무 껍질을 깔고, 다른 친구 쥐들, 숨을 수 있는 여러 구석진 장소, 둥지와 쥐들의 놀이 기구도 들여놓았다. 이 주거지는 '쥐 놀이공원'이라고 불렸다. 이 연구에 따르면 풍요롭고 사교적인 환경에 사는 쥐는 마약을 자유롭게 구할 수 있어도 더 적게 찾거나 혹은 전혀 찾지 않았다. 마약을 강박적으로 소비하는 것은 마약에 노출되었기 때문이 아니라, 건강하고 성취감을 얻을 수 있는 사회 환경에서 단절되거나 고립되었기 때문으로 나타났다(알렉산더 외, 1978). 그 이후의 연구에서는 코카인에 중독된 쥐들이 기회가 있으면 더 많은 코카인을 사용하기보다 동성끼리 포근히 껴안는 행동을 선택하는 경향이 나타났다(제르니그 외, 2013). 쥐의 경우처럼, 꽤 건강하고 충만한 삶을 영위하는 사람은 마약이나 다른 경험에 중독되지 않는 경향을 보였다. 사실, 헤로인이나 크랙 코카인처럼 일반적으로 매우 중독성이 심한 것으로 알려진 약물의 경우에도 90% 미만의 사람들은 중독되지 않고 이러한 약물을 사용할 수 있다(유엔 마약범죄 사무소, 2017).

음식 섭취, 섹스, 내기, 운동이 항상 강박적이 되지는 않는 것처럼, 마약을 사용한다고 항상 중독에 이르는 것은 아니라는 사실은 명백하다. 그렇다면 어떤 사람은 중독이 되고, 어떤 사람은 그렇지 않게 만드는 원인은 무엇일까? 중독은 여러 요인이 특정한 조합을 이룰 때 나타난다. 발달 단계의 특히 예민한 시점에 취약한 개인이 중요한 경험을 하는 것과 관련이 있고, 중독을 유지하게 하는 특수한 맥락에서 발전한다. 개인적 취약성은 우리의 기질이나 유전적 잠재성, 우리가 태어난 감정적이고 문화적 환경과 우리가 이것들을 어떻게 생각하는지에 관한 관계 속에서 찾을 수 있다. 또한 특정 경험이 우리를 좀 더 혹하게 만들 가능성이 있는 특성을 지니기는 했지만 결코 이것이 다는 아니다.

정말 마약에는 중독성이 없을까?

마약에 중독성이 없다는 뜻이 아니라 적절한 상황하에서 많은 것들이 중독으로 이어질 수 있다는 의미다. 실험실의 쥐처럼 고립되었다거나 주변에 모르핀을 첨가한 물 한 병

외에는 아무것도 없다던가 하는 상황이 그 예이다. 잠깐 학습 이론으로 되돌아가 보자. 스키너의 간헐적 강화 이론의 연구 결과는 보상이 예측 가능하지 않고 불규칙하게 주어질 때 강박적 행동이 생겨날 가능성이 높아진다는 것을 보여 주었다. 그리고 간헐적 강화 또한 보상의 효과에 영향을 미친다. 앞에서 처음 중독을 정의하기 시작할 때 내성과 민감화에 관해 살펴본 것을 기억하는가? 불법적인 약물을 사용하는 많은 사람들은 다양한 양을, 다양한 시기에, 다양한 장소에서 불규칙하게 사용한다. 길거리에서 불법 약물을 구하는 경우 언제 구할 수 있을지 예측할 수 없기 때문이다. 이런 사용 패턴은 우리에게 스키너의 비둘기와 쥐에게 일어난 것과 똑같은 작용을 한다. 올지도 모르는 모든 신호에 온갖 신경을 곤두세운다. 동기를 부여하는 뇌의 네트워크를 민감하게 만들고, 갈망을 증가시키고, 도파민 시스템의 '욕구' 기능을 재정비한다. 이는 비 마약성 중독에도 해당된다. 누군가의 나쁜 습관을 둘러싼 행동 패턴이 이렇게 제한적으로만 사용 가능한 것과 관련이 있으면 유혹에 넘어가 탐닉하는 과정이 불규칙하고 다양한 주기로 나타나고, 결국에는 균형 잡힌 행동 패턴을 찾는 것이 어려워진다. 한편, 마약을 조금씩 일정한 양으로 사용하면 내성이 생겨 비슷한 효과를 얻으려면 더 많은 양의 약물이 필요해지는데, 규칙적인 일정에 맞춰서 투약할 때에만 약물에 대한 갈망이 줄어들기 시작한다. 메타돈과 부프레노르핀 같은 아편계 약물 대체 요법이 효과가 있는 것이 바로 이러한 이유이다. 이들 약물이 규칙적이고 예측 가능한 일정에 맞춰 정량이 투여되기 때문에 동기 부여 중추의 '갈망'을 잠재우는 데 도움이 된다.

아편계 약물 대체 요법이 효과가 있는 또 다른 이유는 대체 약물들이 헤로인보다 반감기가 더 길기 때문이다(그래서 약물이 몸 밖으로 더 천천히 빠져나간다). 민감화를 촉진시키는 한 요인은 '급상승' 보상으로, 이러한 보상은 급속히 사라지기 때문에 그 다음에 오는 급상승 보상의 매력이 한층 높아진다. 이러한 면에서 마약의 사용 경로 차이가 중요하다. 즉 마약이 뇌에 빨리 도달하면 할수록 급상승 곡선은 더욱 가파르게 올라가므로 마약을 주사로 주입하는 것은 코로 흡입하는 것보다 (건강에 더 큰 위험을 가져올 뿐만 아니라) 중독 위험이 더 높다. 되풀이할 때마다 보상과 동기 부여 중추 사이의 경로가 강화되고 사이클이 급격하게 상승하여 욕구가 증가하는 반면 '좋아하는 감정'과는 단절된다. 마크 루이스는 학습 사이클이 더 강해지고 빨라진다는 사실을 반영하여 이를 "심층 학습"(2015, p. 172)이라 부른다. 급상승을 일으키는 고강도의 보상이 유혹에 취약한 사람들에게 중독성이 큰 이유이다. 음식 중독은 빨리 흡수되어 혈당을 급격히 올리는 탄수화물, 설탕, 소금과 지방이 많이 함유된 음식에서 나타날 가능성이 높다(슐트 외, 2015). 흥분제는 도파민에 직접 영향을 주므로 '원함'과 '좋아함'이라는 더 강력한 민감화로 이어진다. 흥분제 중독을 치료할 때 대체 요법이 잘 듣지 않는 이유가 바로 이 때문이다(심리학적 개입의 증거가 있다; 영국 국립 물질 남용 치료국, 2010). 흥분제 약물은 주의력 결핍 증후군ADHD 치료에 효과적일 수 있다. ADHD와 관련된 충동성을 줄이기 위해서는 제때에 치료해야만 나중에 생길 위험과 약물 사용을 포함한 위험한 행동을 막을 수 있다(윌렌스 외, 2003).

일부 컴퓨터 게임이 심각하게 중독성이 있는 이유도 이와 같다. 게임 디자이너들은 동기 부여가 강한 상태에서의 반복적 행동이 중독성이 있다는 사실을 잘 이해하고 있다. 많은 게임과 앱은 사람들을 꾀어내도록 설계되어 있다. 간헐적으로 예측 불가능한 보상을 계속 준다. 동시에 상상의 여지가 있는 단순하고 알록달록한 인물과 행복해 보이는 작은 만화 캐릭터들이 기분을 북돋는다. 그리고 과업은 간단한 수준에서 급격히 완성도 있는 단계로 이끌어 간다. 이러한 과정은 사람들이 시간당 수백 번의 동작을 반복하게 하고, 마침내 배측 선조체는 사람들이 스마트폰을 잡을 때마다 손가락이 게임을 하도록 만든다. 등외측 전전두엽 피질이 그만 스마트폰을 내려놓고, 게임을 삭제하고 스트레스 수준을 높이는 책 쓰기를 계속하라고 아무리 명령해도 소용이 없다!

마찬가지로 빠른 경로의 사용과 예측 불가능한 사용 패턴이 결합하면 약물의 중독 가능성을 증가시킨다. 또한, 영향력 있는 정신 분석학자이자 정신과 의사인 노먼 진베르그는 새로 창안한 '세트와 세팅'이라는 문구를 통해, 다른 맥락으로 마약을 사용하는 것도 마약 사용 경험을 변하게 만든다고 설명했다. 사람들은 다른 경험을 해석하는 방법을 배울 때와 마찬가지로 마약 경험을 주변 사람들에게서 배운다. '세트'는 개인의 기대, 의도, 성격이나 감정 상태 같은 개인적 특성을 말한다. '세팅'은 물리적, 사회적 환경 모두를 말하며 마약 사용 경험에 대한 문화적 기대도 포함한다(진베르그, 1984; 하토그슨, 2017). 이 분야에 대한 연구에서는 마약을 하는 사람들이 각자의 기대나 환경에 따라 매우 다른 경험을 한다는 것을 발견하고, 처음에는 환각성 마약인 LSD에 초점을 맞추었다 나중에는 다른 물질에 대한 연구로 확대되었다. 알코올 사용에 대한 문화적 연구는 다음과 같은 사실을 보여 준다.

> 기분과 행동은 실제로 취한 것보다 자신이 취했다는 생각에 훨씬 더 영향을 받는다…… 술을 마시면 폭력적이 된다고 예상하는 사람은 공격적이 되고, 자신이 섹시하게 느껴질 것이라고 기대하는 사람은 호색적이 되고, 술을 마시면 대범해진다고 생각하는 사람은 개방적이 된다. 행동이 기대를 반영하는 것이라면 사회는 그 사회에 걸맞은 술꾼을 얻는다.
>
> (히드, 1998, p. 115)

약물 그 자체보다 우리가 어느 대상이나 약물에 부여하는 의미가 우리에게 더 많은 영향을 끼칠 수 있다. 아무런 약효가 없는 성분으로 만들어진 위약도 파킨슨병 환자의 통증과 우울감 등의 일련의 문제를 호전시킨 것으로 나타났다. 그 위약은 한 번보다 두 번 복용했을 때, 알약으로 복용했을 때보다 주사로 맞았을 때 더 효과가 좋았으며 알약도 크기와 색깔에 따라 효과가 변했다(하토존, 2016). 다른 첨가물이 많이 섞여 실제 마약 성분은 매우 적은 불법 유통된 마약의 경우에도 사람들은 약에 취한 것처럼 행동했고 마약을 사용하는 하위문화 내의 생활 양식을 지속했다. 이것은 밴쿠버의 헤로인 중독자들의 경우인데, 특정 시기에 불법 유통되던 마약은 너무 약해서 아무런 약효가 없을 것 같았으나 그럼에도 그들의 행동에는 유의미한 변화가 없었다(하리, 2015). 마약 관련 경험이 기대에 의해 그렇게 영향을 받는다면 우리가 중독될 것이라고 생각하는 경우 그 약물에 실제로 중독될 가능성이 더 높을까? 아마도 이 문제에 관해서는 금지 위주의 언론 캠페인이 문제를 악화시키고 있는지도 모른다. 특정 경험이나 약물을 접할 때의 배경과 패턴, 그리고 우리의 믿음과 기대, 이 모두가 결과에 영향을 미친다. 이러한 기대의 일부는 나이가 어릴 때 형성되며, 초기 경험들이 미래에 중독될 가능성을 높이거나 낮출 수 있고 중독에 빠질 것인지 균형을 유지할 것인지를 결정할 수 있다.

초기 조건에 대한 민감한 의존성

우리가 태어나기도 전부터, 본성과 환경은 서로 복잡하게 결합해 우리의 기질이 되고, 이렇게 설계된 기질은 삶에서 요구되는 것들을 충족할 수 있도록 우리를 돕는다. 후성 유전학 분야에서는 부모의 경험이 유전자 코드에 새겨져 후대로 전해진다는 것을 증명했다. 환경적 신호들은 유전자가 발현될지 여부 또는 어떻게 발현될지를 결정하고, 실제로 각기 다른 유전자의 스위치를 켜기도, 끄기도 한다. 유전자는 우리의 잠재력이라고 생각하는 것이 가장 좋다. 우리에게 전해진 유전자는 이후 환경에 의해 기이하거나 놀라운 형태로 다듬어진다. 물리학의 혼돈 이론에서는 초기의 여러 상황이 복잡한 시스템 내에서 전혀 다른 결과물로 진화하는 방식을 설명하는데, 이 복잡한 시스템 안에 존재하는 많은 다양한 요인들은 초기 상황에 역동적으로 영향을 주는 동시에 초기 상황에 의해 영향을 받기도 한다. 이는 '초기 조건에 대한 민감한 의존성'이라고 알려져 있다. 작가이자 기자인 마이아 살라비츠는 이 이론을 중독이 발전할 수 있는 방식과 설득력 있게 비교하였다(2016, p. 46). 우리 인간은 태어나기 전부터 이미 우리에게 주어진 조건에 심각하게 의존하는 복잡한 시스템이다.

후성 유전학 연구는 사람들이 어떻게 태어나기 전부터 이미 다른 사람보다 더 큰 중독 위험에 직면할 수 있는지를 보여 주었다. 환경은 스스로를 우리의 세포에 각인시키고, '후성 유전체'로 알려진 유전자를 둘러싸고 있는 세포 효소는 우리에게 발현된 유전자 코드를 후천적 환경에 알맞은 패턴으로 '복사와 붙이기'하고, 읽고 해석한다. 부모가 겪은 극단적 경험들도 정자와 난자 세포에 암호화되고 저장되어 임신한 순간부터 태아 발달에 영향을 준다. 상상할 수 있겠지만, 기록 전문가인 후성 유전체들은 부모가 겪은 환경에 아기를 준비시키기 위해 태아 발달기 내내 밤낮없이 일한다. 감정적, 육체적 고난은 유전자 코드에 저절로 새겨져 다음 세대로 전달될 뿐 아니라 부모가 아무리 좋은 의도로 노력해도 훌륭한 부모 역할을 할 수 있는 능력을 손상시킨다. 이것이 앞으로 처하게 될 환경에 우리를 확실히 준비시키는 뇌와 유전자의 행동 방식이다. 산모가 임신 기간 동안 극심한 스트레스에 노출되면, 아기의 스트레스 반응은 엄마의 경험에 의해 생물학적으로 영향을 받는다. 이는 자궁 내에서 스트레스 호르몬 코르티솔에 더 많이 노출된 결과로 생각된다. 예를 들면 유대인 대학살 생존자의 자녀들은 스트레스 반응에 영향을 주는 후성 유전체에 변형이 생긴 것으로 밝혀졌고, 그 결과 어떤 아이들은 스트레스에 더 취약해지고 어떤 아이들은 스트레스를 더 잘 견디게 되었다. 이는 부모들이 겪었던 트라우마나 이러한 트라우마에 얼마나 잘 대처했는지에 관한 생물학적 기억들로 인한 것이다(켈러만, 2013).

이렇게 복잡한 유전자와 환경의 상호 작용 때문에 '중독이 유전이다'라고 단정할 수 없다. 중독은 다면적인 행동으로 시간을 두고 발전하며 여러 유전자의 작용과 상호 작용에 의해 결정된다. 이때 각각의 유전자는 약간의 취약성을 전달하기도 하고 회복력을 전달하기도 한다. 자폐증, ADHD뿐 아니라 조현병, 양극성 장애 같은 다른 복잡한 장애와 중독의 유전자 패턴 사이에는 서로 겹치는 부분이 있다. 이는 앞에 열거한 문제들의 복잡성과 유전적 취약성이 환경 속 유발 요인에 따라 각기 다른 복잡한 행동과 성격 특징으로 발전할 수 있다는 사실을 잘 보여 준다. 유전자, 환경, 행동 사이의 관계가 갖는 이런 복잡성에도 불구하고, 우리는 복잡한 문제에 대해 단순한 답을 찾는 것을 좋아하기 때문에, 이따금씩 '폭음을 유발하는 유전자' 또는 '나태를 일으키는 유전적 기초'를 발견했음을 알리는 뉴스 헤드라인을 보게 된다(BBC 헬스, 2012; 갠더, 2014). 이러한 헤드라인은 유전적 특성과 구체적 행동을 혼동한다는 점에서 잘못되었고, 유전 결정론을 장려한다는 점에서 위험하다. 다시 말해 유전자가 필연적으로 우리의 행동을 지배한다는 생각은, '유전이니까' 아무것도 할 수 없다고 믿게 된 사람들에게 절망감만 안겨 줄 것이다. 이전 장에서 살펴본 것과 같이, 중독과 정신 질환을 온전히 생물학적 관점에서만 바라보면 낙인을 심화시키고, 가뜩이나 취약한 사람들을 고립시킬 수 있다. 또한 관심(그리고 기금)을 분산시켜 근본 원인과 장기적 결과를 다룰 수 있는 사회적, 심리학적, 공공 보건적 접근법을 등한시하게 만들 수 있다. 철학자 줄리안 바기니Julian Baggini가 지적한 대로, "유전에 너무 집중하면 우리가 어떻게 하면 잘 사는가를 결정하는 가장 중요한 요인이 경제적, 교육적 자원을 확보하는 일이라는 명백한 진리를 보지 못하게 된다(2015)."

중독적 성격이란 것이 실제로 있나?

간단히 말하면 아니다. 그러나 일반 대중들은 여전히 이것이 중독의 특징이라고 생각한다. 중독과 관련된 성격 특징이 있기는 하지만 어느 한 가지 성격 유형에서 일관되게 발견되는 것은 절대 아니다. 이런 특성은 성격 스펙트럼의 극단에서 발견되는 경향이 있으며 위험을 증가시키는 특성에 성별 차이도 약간은 존재한다. 남성의 경우 중독 위험을 높이는 두드러진 성격 특성은 모험을 즐기고, 충동적이고, 스릴을 추구하는 경향이다. 여성의 경우, 남보다 걱정이 많고, 융통성이 없고, 꺼리는 것이 많은 사람에게서 중독 위험이 증가할 수 있다. 성별 차이를 보이는 것들 중에서도 약간 겹치는 부분이 있고 어떤 사람들은 남녀 두 집단의 특성을 모두 가지고 있을 수도 있다. 다른 정신 건강 장애나 ADHD와 같은 신경 발달 장애가 있으면 중독의 위험이 증가한다. 특히 충동 조절 장애, 고립, 그리고 종종 이 장애에 수반되는 남들과 다르다는 느낌과 관련된 문제들로 인한 결과이다(살라비츠, 2015).

이렇게 다양한 성격 특성들이 어떻게 중독의 위험을 높이는 것일까? 공통되는 주제는 자기 통제이다. 본질적으로 중독은 우리의 행동, 관계, 감정, 욕망의 관리를 돕도록 설계된 견제와 균형의 기제들이 실패한 것이다. 앞서 살펴본 바와 같이 이런 성격 특성의 일부는 유전자와 후성 유전체에 원인이 있을 수 있지만 유전자의 발현 여부는 아이와 환경의 상호 작용에 달렸다. 유아기와 사춘기 동안, 우리 뇌는 폭발적으로 발달한다. 각자의 기질과 초기 환경의 균형은 앞으로 인생을 살아가면서 사용할 청사진을 설정하는 공간이며 우리에게 감정과 관계를 조절하는 법을 가르친다. 태어나 첫 몇 년간 배운 교훈들이 우리의 균형을 위험 쪽으로 혹은 회복 탄력성 쪽으로 기울게 만드는데, 이를 이해하기 위해서는 어린 시절의 관계들을 살펴볼 필요가 있다.

사랑이 어떻게 우리를 형성하는가

정신과 전문의이자 정신 분석학자인 존 볼비는 최적의 인간 발달에 사랑, 따뜻함, 감정적 유대가 중요하다는 인식을 확립한 공로가 있다(볼비, 1969). 볼비는 진화론적 관점에서 부모나 양육자와 강한 애착 관계를 형성하지 못한 아이는 생존 확률이 더 낮을 것이라는 가히 혁명적인 관점을 채택했다. 볼비의 애착 이론에 따르면 아기들은 엄마에게 애착을 느끼도록 생물학적으로 프로그램 되어 있고, 울거나, 웃거나, 예쁜 짓 같이 엄마를 곁에 두기 위해 본능적으로 타고난 애착 행동을 한다. 또한 부모들은 이에 반응하도록 선천적으로 프로그램 되어 있으며, 아기와 상호 작용을 통해 인간에 대한 유대를 형성하고 반응을 주고받는다. 볼비가 연구를 발표할 당시에는 통념상 아기의 주요 욕구는 먹을 것과 안전이라는 인식이 있었지만, 볼비는 인간의 기본 욕구는 사랑과 반응이라는 것을 보여 주었다. 볼비가 정립한 이론에 따르면, 우리가 어릴 적 주 양육자와 형성한 관계로 인해 관계에 대한 정신적 표상이 생겨난다. '내적 작동 모델'이라고 불리는 이 정신적 표상들이 미래에 자신이나 타인과 맺게 될 관계에 대한 청사진이 된다. 무의식적으로 우리는 누군가에게 받은 대로 자기 자신에게 행동하도록 학습하는 것이다.

우리가 최초로 맺는 관계—주로 엄마와의 관계—가 스트레스를 관리하고 감정을 조절하는 것을 배우는 방식에 가장 큰 영향을 미친다. 위협에 대한 우리의 반응은 진화적 관점에서 볼 때 가장 '오래된' 뇌 시스템 중의 하나이다. 이러한 뇌 시스템은 이전 장에서 살펴본 도마뱀과 늑대의 뇌를 포함하고 있고, 생각과 계획을 하는 좀 더 '새로운' 뇌와 연결되어 있다. 이러한 오래된 뇌의 주요 부분은 아몬드 모양의 경보 센터인 편도체와 호흡, 배고픔, 체온, 수면 사이클처럼 무의식적 기능을 조절하는 조절 센터인 시상 하부이다. 시상 하부 못지않게 중요한 것이 시상 하부에 연결된 뇌하수체로 앞서 설명한 스트레스 호르몬인 코르티솔을 비롯해 여러 가지 호르몬을 분비한다. 우리가 겁을 먹었을 때 무슨 일이 일어나는지 생각해 보자. 가령, 길을 건너고 있는데 차 한 대가 갑자기 나타나 자신을 향해 돌진해 온다. 감각 기관에서 들어온 신호들이 '임기응변식' 처리 경로를 통해 편도체로 곧바로 전달된다. 지체할 시간이 없다.

죽느냐 사느냐의 문제다. 편도체는 경보를 울리고 이 경보 시스템을 통해 온몸으로 메시지를 보낸다. 심장이 쿵쾅거리고 자신도 모르는 사이 온몸이 경직되며 뒤로 움찔한다. 차가 급브레이크를 밟고 멈춘다. 신속한 처리 네트워크가 평정을 되찾고 전두엽 피질의 명령 하달식 사고에 자리를 양보하면 심장 박동이 이미 느려지기 시작했음을 갑자기 깨닫는다. 이제 살았다. 운전자를 흘겨보고, 입술로 수없이 많은 말을 중얼거리며 계속 걸어간다.

우리의 위협 대응 체계는 신속하게 반응하도록 사전에 준비되어 있다. 실제 신체적 위협 상황에서는 신속한 대처가 생존과 직결되기 때문이다. 오늘날 우리가 직면하는 위협은 먹이 사슬과 관련이 있기보다는 공개적 실패나 모욕, 고립, 사회적 거부, 가족을 부양하지 못하는 것, 사회와 단절된 느낌처럼 사회적 원인으로 인한 경우가 많다. 또한 우리 뇌는 바로 앞에 닥친 실제 위협과 생생한 상상력이나 기억에 의한 위협을 항상 잘 구별하는 것이 아니다. 상상 속의 공포 또한 편도체를 자극하여 경보 센터를 작동시킬 수 있다. 전전두엽 피질이 아주 짧은 순간 단락되어 편도체가 임무를 넘겨받으면 선형적 시간(데이터를 재입수하는 시간이 데이터 양과 선형적으로 비례한다는 의미—옮긴이 주)에 대한 감각이 사라진다. 감정적인 기억이 우리의 주의를 사로잡을 때 마치 다시 예전 일을 겪는 것처럼 느껴지는 이유가 이 때문이다. 긴장한 편도체를 진정시키고 사고 기능을 재작동시켜야만 감정적 기억을 처리하고 반응 충동을 관리할 수 있기 때문이기도 하다. 사고 기능으로 인해 우리는 연속적 서사로 이루어진 우리의 삶으로 돌아갈 수 있다.

스스로를 위로하는 법은 우리가 겪은 어린 시절의 관계에서 학습된다. 우리에게 첫 위협—일례로 배고픔, 혼자 남겨진 것, 또는 불편한 것—은 아주 어릴 때 찾아온다. 어릴 때에는 세세한 분별력이 없기 때문에 이런 상황은 끔찍하거나 강렬하게 느껴진다. 아기가 배고픔을 느끼면 스트레스 시스템에 불이 켜지며 울음을 터트린다. 아기의 스트레스가 엄마에게 전달되면 엄마는 동기 유발 시스템을 통해 도파민이 급상승하는 것을 느끼고 행동하게 된다. 엄마는 아기를 들어 올려 안고 어르는 소리를 내다가 아기가 배가 고픈 것을 알아채고 먹인다. 스트레스는 사라지고 아기와 엄마의 위협 대응 시스템이 진정된다. 아기가 미소 지으며 킥킥 웃으면 엄마와 방에 같이 있던 다른 사람들도 과장된 표정으로 다정한 소리를 내며 미소 지을 것이다. 아기의 기분이 좋아져 도파민 회로가 중격 의지 핵까지 연결되면, 편도체는 이러한 경험의 감정적·감각적 측면에 '이건 중요한 거야!'라는 표시를 하여 이 행동이 다음에도 반복될 수 있도록 한다. 또한 이러한 상호 작용은 옥시토신이라고 부르는 호르몬을 분비시킨다. 시간이 지나며 이 호르몬은 엄마와 아기의 유대를 공고하게 만들고(친구들, 연인, 반려동물과의 유대감에도 관련된다) 같이 있으면 기분이 좋고 즐겁다고 느끼게 만든다. 시간이 감에 따라 스트레스와 진정 사이클이 이런 유대를 강화시켜, 아기는 애정 어린 사회적 유대가 자신의 공포를 잠재운다는 것을 배우며 자란다.

이것이 자기 감정을 조절하는 내적 능력의 기초이다. 화가 났을 때 누군가 안아 주어 위로가 되었다면, 우리는 이러한 것을 내면화해 스스로를 위로할 수 있게 되거나 누군가의 지지가 필요한 시점임을 깨달을 수 있다. 우리는 다른 사람이 우리의 필요를 채워 줄 것이라고 신뢰한다. 지금껏 그래 왔기 때문이다. 우리의 스트레스 반응 시스템은 사랑에 의해 안정감을 느끼고 관계에서 보상을 찾도록 연결되어 있다. 우리가 어린 시절의 관계에서 학습한 기쁨과 안도감은 본질적으로 동기를 유발하며 이러한 감정은 이전 장에서 살펴본 동일한 뇌 시스템의 지배를 받는다. 중독, 동기 부여, 스트레스 해소의 관계가 분명해지는 것이 바로 이 시점이다. 우리의 스트레스 해소 시스템은 감당할 만한 스트레스와 이에 반응한 진정 작용의 사이클이 반복됨으로써 발달한다. 이는 마치 헬스장에서 근육을 키우는 것과 같다. 우리에게는 약간의 스트레스가 필요하다. 그렇지 않으면 근육은 강해지지 않고 충분히 사용되지 않는다. 우리의 모든 욕구가 스스로 알아채기도 전에 채워지면 스트레스를 받은 경험이 너무 적어서 별것 아닌 스트레스에도 야단법석을 떨게 된다. 스트레스가 너무 심한 상황에서는 시스템이 어찌할 바를 몰라 마치 위협에 대해 상시 경계 태세를 취하듯 과잉으로 민감해지거나, 시스템이 무너져 무감각해지고 무반응을 보인다.

이런 적응 과정은 생후 2년 동안 특히 빠르게 일어나는데, 이때 뉴런과 뉴런의 연결 회로가 급격하게 확장된다. 환경에 대해 학습하면서 뇌는 무엇이 우리에게 중요한지 배운다. 습관과 패턴을 발달시키면서 생존과 덜 관련이 있거나 덜 유용한 연결 통로나 회로는 사라지고, 자라는 동안 가지치기와 개선이 이루어진다. 말을 하기 전부터 아기는 감정과 관계의 언어를 배우는 중이다. 예측할 수 없거나 무서운 환경을 접한 아기는 위협을 감지하는 능력이 고도로 발달할 것이고 생존을 위해 자극에 좀 더 반응하게 된다. 반면 생각을 덜 하게 될 가능성이 있다. 이것은 매우 잘 적응한 결과이다. 예를 들어, 아기가 위협적인 환경에서 자라는 경우 심사숙고하기 위해 멈추면 해를 입을 수 있지만 위협을 과민하게 경계하고 반응하면 생존에 도움이 된다. 전쟁 지역에서 살아남으려면 멈추어 생각하는 것은 안전하지 않다. 이런 상황에서는 시간에 대한 감각이 변하고 즉각적인 필요에만 집중하도록 시야가 좁아진다. 위협이 일관되고 예측 가능하다면 경계는 하면서도 위협에 반응하는 것을 멈추고 순응하거나 더 심한 경우에는 무감각해지고 아예 차단하는 편이 더 안전할 것이다. 위협이 예측 가능하지 않다면 위협에 대한 반응은 내내 최고 수준으로 유지되어 더 충동적이고 과민한 반응을 불러일으킬 수도 있다(크리텐든과 디랄라, 1988). 이런 두 가지 상황에 처했던 아기들은 좀 더 차분하고 안정적인 환경에는 잘 대비되어 있지 않아 자신의 감정을 효과적으로 조절하는 데 어려움을 겪을 수 있다. 이렇게 성장한 아기들은 스트레스 호르몬이 몸 안의 여러 시스템에 미치는 영향으로 인해 나중에 다른 사람보다 건강 문제를 겪기가 쉽다. 이들은 학교나 직장 같은 잘 짜여 있고 예측 가능한 환경을 힘들어 할 수도 있다. 여유를 가지고, 충동을 조절하고, 집중하는 연습이 잘 되어 있지 않기 때문이다. 어린 시절에 삶의 위협을 경험한 어린 아이들은 10대나 어른으로 성장했을 때 자신의 감정을 내적으로 조절하기가 어렵기 때문에 감정 조절을 위해 외부적인 방법을 찾게 될 가능성이 높다.

아동기 부정적 경험이 중독에 끼치는 영향

아동기에 역경을 더 많이 겪을수록 다른 신체적, 정신적 건강 문제뿐 아니라 중독으로 발전할 가능성이 높다는 결론이 나온다. 이는 미국 카이저 퍼머넌트 협회Kaiser Permanente와 질병 예방 통제 센터가 공동 진행한 '아동기 부정적 경험' 연구에 잘 나타나 있다. 아동기 부정적 경험에 관한 연구는 1만 8000명에 이르는 사람들을 대상으로 어린 시절에 부정적 경험이 있었는지 조사하고, 50년이 지난 후 그들의 정신적, 신체적 건강과의 연관 관계를 분석하였다. 설문 조사에서는 신체적, 정서적 및 성적 학대, 방치, 약물 사용 문제를 가진 부모와 같이 살았는지, 정신 건강 장애, 범법 행위에 노출된 적이 있는지, 가정 폭력 또는 부모의 이혼 여부를 조사하였다. 결과는 획기적이었다. 아동기 부정적 경험과 좋지 않은 정신적, 신체적 건강 상태는 '용량-반응 방식dose-response way(어느 만큼의 양에 노출될 때에 어느 정도의 반응이 나타나는지의 관계—옮긴이 주)'의 관계인 것으로 나타났다. 부정적 경험이 네 가지 이상인 사람들은 알코올 중독이 될 가능성이 일곱 배, 불법 마약 사용 가능성이 열 배, 흡연 가능성이 두 배, 자살 시도 가능성이 열두 배인 것으로 나타났다(안다 외, 2006). 영국에서 실시된 연구에서는 병적인 비만이 될 가능성이 세 배 높은 것으로 나타났다(벨리스 외, 2014). 여섯 가지 부정적 경험을 겪은 남성은 그렇지 않은 사람보다 주사제 마약에 중독될 확률이 4600% 더 높았다(펠리티, 2004).

부정적 경험의 사례도 기존의 인식보다 훨씬 더 흔했다. 조사 대상자의 약 4분의 1은 두 가지 이상, 약 6분의 1은 네

가지 이상의 부정적 경험에 노출된 것으로 나타났다. 여기서 잠시만 부정적 경험의 목록을 다시 한번 읽어 보고 이것이 무엇을 의미하는지 생각해 보자. 한 가지는 우리가 인식하고 있는 것 이상으로 많은 아이들이 어린 시절에 학대를 경험한다고 해석될 수 있다. 아동 학대는 비밀리에, 소리 없이, 인정되지 않은 채 수십 년 동안 있어 왔고 현재는 중독, 정신 및 신체 건강 문제라는 가면을 쓰고 있다. 이러한 결과에만 대중과 전문 인력의 에너지와 관심이 쏠린 나머지 근원적 문제는 묻혀 버렸다.

어린 시절에 지속적으로 위협에 노출되면 뇌의 스트레스 반응에 변화가 생겨날 뿐만 아니라 기억과 관련된 뇌 영역의 성장이 저해되고 사회적 애착과 감정 통제와 관련된 뇌 영역의 반응도 변화한다. 뇌가 끊임없이 '투쟁-도주 반응' 모드에 있으면 뇌는 스스로를 통제하고 만족을 지연시키는 법을 배울 수가 없다. (모든 것이 순식간에 바뀔 텐데 기다리는 것이 무슨 소용인가?) 뇌가 스트레스 호르몬 속에서 헤엄치고 있으면 아이는 집중할 수 없고, 남을 신뢰하는 데 어려움을 겪거나 감정에 무감각해져 자극과 신나는 일만을 추구할 수도 있고, 감정에 압도되어 무엇이건 손에 잡히는 것에서 위안을 찾을 수도 있다. 실망, 분노, 절망을 달래 주는 경험을 발견하면 무의식적으로 큰 보상을 받고 이러한 경험이 감정적으로 중요하다고 느끼게 된다. 안전한 손길과 애정 어린 관계가 없을 때에도 마약, 알코올, 음식 등 이 모든 것들이 편도체를 진정시킨다. 일단 이러한 것이 진정 작용을 한다는 것이 밝혀지면 해결책이 될 수 있다. 마이아 살라비츠의 표현대로 "마약이 강력한 효과를 발휘하는 것은 주로 남은 인생이 망가졌을 때"이다(2016, p. 133). 우리에게 채우지 못한 어떤 깊은 욕구가 있을 때 그것을 충족시켜 줄 것처럼 보이는 경험을 한 번이라도 만나면 그 경험은 뇌에 깊고 빠르게 학습되어 계속 되풀이할 가능성이 높아진다.

왜 10대들은 더 위험을 무릅쓰는가

이런 경험이 10대에 발생할 때 가장 심각한데 이때는 정체성이 미처 다 발달하지 못한 시기이기 때문이다. 마약 사용자 대부분이 10대 후반에서 20대 초반에 처음 시작하는데 모두가 짐작하듯이 일찍 시작할수록 중독 위험이 더 크다. 이른 시기에는 약물과 중독 행동이 발달 중인 개인의 성격에 통합될 수 있기 때문이다. 우리의 '자아'는 이질적인 여러 부분들로 구성되어 있다가 사춘기 시절에 통합이 이루어진다. 중독 행동이 이 시기에 시작될 경우 자아가 통합되었다거나 온전하다는 느낌을 방해할 수도 있고, 좀 더 안전한 대안을 배우기 어려워질 수 있다. 비록 대부분이 20대 중반이 되면 약물을 끊거나 줄이기는 하지만, 약물 중독의 약 90%가 사춘기에 시작된다(미국 약물 중독 남용 센터, 2011).

우리 대부분은 10대 시절을 돌이켜볼 때 후회스런 행동과 현명하지 못한 결정을 했던 것을 쉽게 떠올릴 수 있다. 10대에는 쉽게 싫증을 내고 또래 집단에 필사적으로 끼려 하면서도 동시에 튀고 싶어 한다. 이런 현상은 부분적으로 뇌의 발달 단계 때문이다. 10대의 뇌는 환경에 맞춰 가지치기와 미세 조정이 진행 중이다. 10대에게는 친구와 미래의 연인, 새로운 경험을 향해 돌진하게 만드는 패기 넘치는 충동 시스템이 있지만, 아직 미성숙한 배외측 전전두 피질은 감정을 제대로 통제하거나 충동을 조절하지 못한다. 전두엽 기저 표피질과 변연계의 늑대 뇌에서 발달한 좀 더 원시적인 통제 전략이 있기는 하지만 이런 능력은 성인이 되어서야 완전히 발달한다. 다시 말해 10대들은 온갖 충동을 다 가지고 있는 반면 통제 시스템은 덜 형성되었다는 뜻이다. 그 결과 10대는 즉각적인 보상에 좀 더 가치를 두고, 압박 속에서 동시에 여러 가지 일을 하려고 애쓰는 경향이 있으며 만족 지연, 즉 이전 장에서 마크 루이스가 언급한 '현재의 매력'을 지연시키는 것에 능하지 못하다. 중독 행동을 보이는 사람들은 평균보다 '현재의 매력'에 더 끌리는 경향이 있다. 뇌 발달이 사춘기에 머물러 있는 것처럼 더 충동적으로 행동하며 이런 충동을 억제하는 데 미숙한 경향을 보인다. 어떤 관점에서 보면 일부 뇌는 실제로 사춘기 시절에 머물러 있기도 한다. 배외측 전전두 피질도 우리의 선형적 시간 감각을 책임지고 있는데 사춘기에 이 부분이 제대로 성숙하지 못하면 뇌가 주로 '현재'에만 집중하기 때문에 앞으로의 계획을 세우는 것이 힘들어진다.

사춘기 청소년들도 추론하고 위험을 저울질할 수 있지만 전전두엽 피질에 있는 인지 조절 센터가 덜 성숙한 상태이기 때문에 그들의 결정은 특히 감정적으로 중요한 상황에서 좀 더 충동적이고 즉각적인 보상을 얻을 수 있는 쪽으로 기울어진다. 그리고 이 시기에는 우정과 또래 집단이 특히 중요해서 많은 10대들이 또래 집단의 압력에 매우 취약하다. 한 10대가 절망적이고 덫에 걸린 것 같은 힘든 상황을 겪고 있다고 상상해 보자. 탈출구나 기분을 나아지게 하는 방법을 찾는 일은 매우 중요하다. 그 일이 집단 내 관계를 공고히 하는 것과 관련되어 있는 경우에는 특히 그렇다. 사람들이 처음 헤로인을 사용할 때는 종종 호기심이나 친구들이 헤로인을 하는 경우 무리에 끼고 싶어서이다. 대부분은 위험을 알고 있지만 친구들이 중독이나 '마약쟁이'에 관한 선정적인 기사에 등장할 만큼 심각하다고 생각하지 않거나, 마약을 사용하면서도 바로 중독되지 않은 사람들의 사례를 보았을 수도 있다. 언론에서 다루는 이야기가 자신의 경험과 동떨어질수록 청소년들은 언론을 더 믿지 않게 되고, 그로 인해 마약 사용의 실제 위험에 대해 정확한 정보를 얻지 못하게 된다. 10대의 무모한 여러 경험은 접근 가능성 여부에 따라 결정된다. 마약 거래가 지역 경제의 일부분이 된 몇몇 빈곤한 지역 사회에서는 길거리를 걷다 보면 중독성이 강한 마약을 사지 않겠느냐는 권유를 수없이 받게 된다. 특히 이전에 산 적이 있거나 구매 가능성이 있다고 인식되면 훨씬 더 심하다. 실험 삼아 사용한 것이 주기적 사용으로 이어질 수 있고, 처음 사용해 보았는데 무슨 이유가 있든 삶의 부족한 부분이 충족되었다면 중독으로 발전할 위험이 높아진다. 어떠한 집단에 자리를 잡게 되면 개인적 기준과 가치는 서서히 사라지고, 혼자였다면 예측하지도 못했고 의도한 적도 없는 방식으로 행동하게 될 수도 있다. 중독적 행동은 빈자리를 메우는 데 매우 효율적이다. 우리 모두는 의미와 목적을 찾으며 그러한 최초 경험의 보상과 강도가 크면 클수록 그 경험은 특히 우리가 취약할 때 더 큰 의미를 지니게 된다. 잘 조절하거나 통제하면서 약물을 사용하는 상태에서 벗어나 중독으로 발전하는 시점이 바로 여기이다.

의미를 찾아서

헤로인에 중독된 사람들에게 헤로인을 처음 사용했을 때 느낌이 어땠냐고 질문하면 사랑과 보살핌 같은 언어로 표현한다. '따뜻하고 부드러운 담요 같았어요', '가족이 생긴 것 같았어요', '모든 걱정을 사라지게 했죠.' 이전에는 결핍을 깨닫지도 못했던 사람들이 이러한 따뜻한 감정을 느끼게 되고 이전에는 미처 인식하지 못했던 감정적 허기를 채워 줄 수단도 갖게 된다. 이런 경험은 뇌에 매우 중요한 사항으로 저장되고 동기 유발 시스템이 이러한 경험을 더 원하도록 준비시켜 놓는다. 과부하가 걸린 스트레스 시스템은 특히 다른 대안을 찾을 수 없을 때 스트레스를 진정시키기 위해 이러한 경험에 회로를 연결한다. 그러나 헤로인 또는 다른 어떤 마약도 공허함을 오래 달래 주지는 못하기 때문에 안전하고, 사랑받고 싶고, 정상이라고 느끼고 싶은 더 큰 열망을 불러온다. 서론에서 밝힌 대로 이것이 티베트 불교에서 말하는 '배고픈 유령' 모드이다. "우리가 배고픈 유령 모드에 머무르는 한 [자신에게 무엇이 필요한지] 결코 알지 못할 것이다. 현재에 머무르지 못하고 일생 동안 그것에 홀려서 떠돌게 된다(마테, 2010, p. 1)." 우리가 자라는 동안 안전하게 보살핌을 받는 관계에서 감정 조절을 배울 기회가 없었다면 걱정과 고통을 건강하게 처리하는 법을 알 수 없다. 물론 후에라도 제대로 된 보살핌과 관심 속에서 이러한 능력을 배울 수는 있을 것이다.

가장 심한 중독 상태로 '배고픈 유령'에 사로잡힌 많은 사람들은 아동기에 끔찍한 상처나 오랜 시간에 걸친 무자비한 점진적 고립, 왕따, 혹은 방치를 겪은 적이 있다. 이들은 다시는 아무도 자신을 해치지 못하게 하겠다는 유치한 다짐 후에 폭력적으로 변했거나, 낳지 말았어야 했다는 말을 들었을 수 있다. 또 직접 신체적 폭행을 당했거나, 계속되는 폭력을 목격했을지도 모른다. 애정과 보살핌에 굶주렸거나, 종종 여러 명에게 성적 학대를 당했던 사람들이며, 그들을 학대한 가해자 대부분은 법의 심판을 받지 않았을 것이다. 이러한 사람들은 스스로 매우 수치스럽게 생각하는 일을 한 적이 있을 수도 있다. 그들은 보호받지 못하고 사회 안전망에서 제외되었다. 전문 중독 치료 서비스를 받는 사람들에게서 이런 유형의 경험은 흔히 발견된다. 아동기 부정적 경험 연구의 통계를 바탕으로, 요한 하리는 비만이 심혈관 질환을 유발하듯 아동 학대가 마약 중독을 유발할 가능성이 있다고 지적했다(2015, p. 160). 약물 남용 치료 서비스를 받는 사람들을 대상으로 한 어느 연구에서는 조사 대상자 전원이 아동기에 정신적 외상을 받을 만한 상황에 노출된 경험이 있었으며, 그중 25~50%는 외상 후 스트레스 장애PTSD를 가지고 있었다(길렌 외, 2012). 75~85%는 불안, 우울, 인격 장애 같은 다른 정신 건강 문제로 진단을 받았는데, 이 문제들도 아동기 부정적 경험에서 비롯된 것이었다. 중독 행동과 정신 건강 장애가 어떻게 생겨나는지를 분석할 때, 이러한 문제들이 장기적이고 무자비한 혼돈, 고통, 트라우마에 적응하려는 시도로 생겨난다는 점을 알면 이해가 쉬워진다.

그러나 아동기에 상처를 받은 아이들 모두가 성인이 되어 중독 행동이나 정신 건강 장애를 보이는 것은 아니다. 부정적 경험, 빈곤, 폭력, 트라우마는 중독 위험을 증가시키지만 이런 일을 겪고도 건강하고 성공적인 삶을 영위하는 많은 사람들이 있다. 위험과 취약함은 변할 수 없는 것이 아니라 우리의 경험에 따라 변화한다. 많은 요인들이 부정적 경험의 영향력을 경감시킬 수 있지만 가장 효과가 좋은 것은 견고하고 애정 어린 관계이다. 아이의 인생에 안전하게 보살핌을 주는 안정된 어른 한 명만 있어도, 아이는 넘어져도 잡아 줄 안전망이 있다는 것을 알기 때문에 어떤 장애라도 이겨 낼 수 있다. 중요한 것은 부모 또한 지원을 받고 안정적일 때 아이에게 이러한 관계를 제공할 수 있다는 점이다. 교육을 통해 안전하게 자녀를 보살피는 어른을 양성할 수 있고, 문학, 음악, 미술을 통해 희망을 개발할 수 있다. 이러한 예술 작품은 자신을 표현할 수 있는 다른 삶과 방식이 가능하다는 것을 보여 준다. 다른 사람과의 유대와 보살핌을 제공하는 관계가 성인의 회복에 있어서도 여전히 중요한 이유이다. 또한 다른 사람에게서 지속적으로 학대를 받은 성인들이 반려동물과 가장 오래 지속되는 애착을 형성하는 이유를 설명하기도 한다. 가족과 지역 사회의 기대와 사회 규범에 영향을 미치고 중독 경험에 노출되는 정도를 결정짓는 사회적 환경 또한 중요하다.

이 모든 것이 보여 주는 바는 중독이 사람들의 욕구와 관련이 있으며 어떤 경험에 노출되는 타이밍과 패턴에 의해 생겨날 수 있다는 점이다. 중독은 복잡하기 때문에 마약이나 유전자에만 집중하는 것은 도움이 되지 않는다. 우리가 어떤 배경을 가졌든 우리 모두는 똑같이 근본적인 욕구를 가지고 있다. 심리학자 에이브러햄 매슬로가 창안한 욕구 단계 설에서는 순서대로 음식과 물에 대한 욕구, 안전과 건강의 욕구, 사회적 욕구와 감정적 욕구, 좀 더 '영적인' 의미와 목적에 대한 욕구를 추구하게 된다고 한다(매슬로,

1943). 위협의 시기에 우리는 생존과 낮은 단계의 욕구에만 초점을 맞춘다. '긴축의 시대'인 현 시대에는 전 지역 사회가 음식, 난방, 안전한 주거지를 쉽게 얻지 못하고 긴축을 강요당한다. 이런 욕구가 충족되기 전에는 그 이상의 사회적 관계와 정서적인 욕구를 충족하기가 어렵다. 그러나 정서적 욕구는 여전히 중요하며, 의미 있는 삶과 자신과 가족의 실현 가능한 미래에 대한 희망을 부정당하면 '위험 요인들'이 증가하여 중독과 정신 건강 장애가 늘어나게 된다. 균형을 찾기 위해서는 개인 차원의 문제보다 기회를 제한하고 위험을 증가시키는 사회 정치적 풍토를 해결하고 희망과 우리의 잠재력을 발휘할 수 있는 환경을 조성할 필요가 있다.

04

해묵은 습관도 바꿀 수 있다

우리가 학습을 통해 중독이 된다면 중독에서 벗어나는 방법도 학습할 수 있을까? 중독이 발전하면서 신경 회로가 형성되고 반복에 의해 이러한 신경 회로가 강화되어 뇌가 변하기 때문에 중독에서 벗어나기 힘든 것이라면, 중독 행동이 아닌 새로운 행동을 만들어 낼 수도 있지 않을까? 다시 말해 새로운 회로 형성이 가능할까? 이에 대한 답을 찾으려면 회복에 대해 이해해야 한다. 이번 장과 다음 장에서는 개인과 집단의 측면에서 중독에서 회복될 수 있도록 촉진하는 방법에 관해 살펴볼 것이다. 심리학자 스콧 켈로그는 이 문제는 회복이라기보다는 해방에 관한 것이라고 말한다. 중독은 우리를 덫에 가두어 노예로 만들고 우리의 마음과 삶을 좁혀 버린다. 이를 다시 넓히고 열어 주는 것이 바로 자율권과 자유이다(켈로그, 2016).

희망과 회복

정신 질환과 중독을 이해하는 방식에 혁명이 일어나고 있다. 이러한 혁명을 이끄는 사람들은 심리적 고통과 중독적 행동에 대한 도덕적 모델과 의학적 모델에서 비롯된 표지와 낙인을 거부한다. 정신과적 진단은 혼란스러운 증상을 이해할 수 있는 공통의 언어를 제공하고 혜택과 상담 서비스를 받는 데에 유용하다. 그러나 이러한 진단은 복잡한 인간의 경험과 고통을 단순한 범주로 축소시키고, 안전하다는 거짓 안도감으로 우리를 달래고, 복잡한 특징들이 간단한 알고리즘으로 해결될 수 있는 것처럼 이야기한다. 진단 지침을 되풀이할 때마다 정신적 고통이 '정신 질환'으로 분류되는 사례가 점점 더 많아진다. 그러나 우리는 아직 '조현병의 생물학적 근거'도 찾아내지 못했다. 마찬가지로 '중독의 생물학적 근거'도 아직 찾아내지 못했으며, 이는 여러 유전자의 다양한 영향을 넘어서는 영역이다. 중독을 극복한 사람들과 약물 사용자 집단은 회복을 위한 새로운 접근법을 정의했다. 이러한 접근법에서는 미래에 대한 희망을 찾고, 회복 탄력성을 발전시킨다. 다른 사람이나 지역 사회에서 유대감을 발견하고, 그 결과 더 견고하고 자율권이 있는 당당한 정체성을 함양할 필요가 있다는 점을 고려한다. 이러한 사람들은 1장에서 살펴본 것과 같이 중독이 있는 사람을 의학적 치료 대상으로 만들고 수동적 치료의 수혜자로 만들어 얼마나 많은 것을 잃었는지에 관해 문제를 제기한다. 중독 행동에서 회복되는 것은 여러 사람들에게 각기 다른 의미이기 때문에 '영국 마약 정책 위원회 회복 합의 집단UK drug policy commission recovery consensus group, UKDPC'에서는 다음과 같은 정의를 만들어 냈다. "마약에서 회복되는 과정을 특징짓는 것은 자발적이고 지속적인 통제이며 이러한 통제를 통해 건강, 웰빙을 극대화하고 사회의 권리, 역할, 책임에 참여할 수 있다(영국 마약 정책 위원회 회복 합의 집단, 2008)." 비록 이 정의는 약물 사용에 국한되지만 다른 중독 행동에도 똑같이 적용될 수 있을 것이다. 회복은 단지 중독 행동을 바꾸는 것에 그치는 것이 아니라 이전과는 다르게 사는 법을 배우는 일이다. 우리가 무력감을 학습했듯이 낙관적 생각도 학습할 수 있으며(셀리그만, 2003) 회복 중인 사람들을 둘러싼 희망은 전염된다.

도움을 원치 않을 때는 어떻게 해야 하나?

중독자들을 '변화를 받아들이지 않는' 또는 '거부하는' 사람들이라고 묘사하는 이야기들이 있다. 중독자들은 주변 사람에게는 크고 명백해 보이는 문제를 인정하지 않으려는 현실 도피 태도를 보인다. 이런 것들이 중독자의 친구나 가족에게는 마치 거부처럼 보일 수 있다. '현실을 보질 못해요…… 빚을 모른 척하고 있어요…… 이제 더 이상 편지를 열어 보지도 않아요…… 들으려고 하지도 않아요'. 중독의 고유한 특성처럼 보이는 이러한 태도는 중독자가 자신이 누구이고 무엇이 되고 싶은지와 같은 본질적인 문제에 대해 공격받았을 때 스스로를 방어하기 위한 기제의 일환으로 나타난다. '인지 편향'이라는 관점이나 자신이 믿고 있는 것을 확인해 주는 정보에만 선택적 관심을 기울이는 방식이라고 설명하면 아마도 더 잘 이해할 수 있을 것이다. 자신이 소중히 여기는 진실과 일치하지 않거나 받아들일 준비가 되지 않은 방식으로 이의를 제기하면 일반적으로 우리는 무시해 버린다. 인간은 누구나 어느 정도 그런 성향이 있다. 부정과 거부는 변하지 않는 영원한 상태도 아니고 어느 특정인에게만 국한된 특징도 아니며 대인 관계의 역학에서 생겨나는 과정이다. 자신에게 직접적으로 이의를 제기한다고 느낄수록 더 저항하는 경향이 있다. 반면 누군가 가치 판단 없이 자기편을 들어 준다고 느낄수록 자신의 상황에 대한 의심과 우려를 표현할 수 있다. 이것은 메시지를 어떻게 전달하느냐의 문제이고 얼마나 상대방의 말을 들을 준비가 되어 있느냐의 문제이다. 그렇다면 이러한 것을 현실 부정이나 인지 편향이라고 부르는 것이 문제가 될까? 문제가 된다. '현실 부정'이라는 말은 중독에 부정적인 느낌을 추가한다. 이러한 말에는 개인사의 고통과 모순에 대한 정상적 방어의 한 단면이라는 인식이 반영되어 있지 않기 때문이다. 중독이 되면 우선순위가 바뀌는 것도 사실이고 나중에 후회할 방식으로 종종 행동하기도 한다. 하지만 벌이나 비판을 받지 않는다는 사실을 알면 중독과 관련된 속임수와 거짓말은 사라질 수 있다. 사람들이 속이려 드는 것은 중독 자체가 원인이라기보다는 벌 때문에 생긴 현상이다. 마이아 살라비츠가 지적한 대로 벌에 저항할 것이 확실한데 문제를 일으켰다고 처벌하면 그 일은 실패할 수밖에 없다(2016).

이렇게 한번 생각해 보자. 음식과 알코올, 코카인이 건강에 나쁘다는 것을 스스로도 알기 때문에 가뜩이나 통제력을 잃었다며 수치심을 느끼고 있다. 그러나 폭식이나 폭음 또는 약물을 사용하지 않으면 불안하고 상처받는 느낌이 들며, 적응하지 못하는 듯한 느낌과 직면해야 한다. 마찬가지로 수치심이나 고립감을 느끼게 된다는 것도 알고 있다. 이런 경우 누군가 잘못되었다고 지적하면 수치심만 더해지므로 본의 아니게 문제를 악화시킬 수 있다. 자신의 매우 비밀스럽고 개인적인 사항을 누군가 위협한다고 느껴지면 사람들은 저항하고, 무시하고, 심지어 공격할 수도 있다. 마음에 들지 않는 현실 상황을 인정하기란 쉽지 않다. 수치심이나 죄의식을 느끼는 경우, 인정하거나 받아들일 수 없는 기저에 깔린 욕구가 있는 경우, 나쁜 줄 알지만 생명 줄처럼 느껴져서 무언가를 포기하는 것이 두려울 경우에는 특히 더 그렇다. 그러나 이런 모든 공포심은 희망을 북돋아 주고, 인정하고, 지지하고, 가치 판단을 하지 않는 관계로 인해 극복될 수 있다. 우리 눈에 해롭고 파괴적으로 보이는 행동을 누군가 고집하는 데에는 충분히 그럴 만한 이유가 있다고 생각할 필요가 있다. 우리는 그저 그 이유를 찾아야 한다. 그 행동을 포기했을 때 그들은 어떤 느낌일까? 중독 행동을 계속하는 것보다 포기한 이후의 전망이 더 나쁘다면 어떨까? 이러한 가정을 받아들이기는 말처럼 쉽지 않다. 특히 중독으로 인해 본인도 타격을 입은 중독자의 가족이나 친구의 경우라면 더욱 쉽지 않을 것이다. 가족들에게 유용한 특별한 접근법에 관해서는 다음 장에서 설명하겠다.

많은 사람들이 변화를 위한 첫걸음을 떼려면 스스로 바뀔 수 있다고 믿는 동시에 희망을 줄 사람이나 대상과 관계를 맺어야 한다. 마약 사용이 범법 행위라는 사실이나 다른 사람들이 압력을 가하거나 하는 것처럼 변화에 대한 요구가 외부에서 오기도 한다. 이전 장에서 살펴보았듯 중독자 대부분은 자신의 행동을 조절하고 변화시키기 위해 사회적 지원과 자원을 활용하여 전문가의 지원 없이도 중독에서 회복한다. 중독 행동을 고치는 데 자신의 회복 탄력성과 인맥을 이용할 수 있는 사람들은 사회적 지원과 교육을 더 잘 받아들이고 부정적 경험을 덜 겪으며 재정적 자원이 더 많은 경향이 있다. 도움을 구하는 사람들에게는 여러 가지 선택이 가능하다. 중독은 단계에 따라 복합적인 의학적, 심리적, 사회적 접근이 더 필요하기도 하고 덜 필요하기도 하다. 알다시피 중독 행동이 발전하고 진행되는 방식에 생물학적, 심리학적, 사회적 차원이 존재하기 때문이다.

왜 관계가 회복의 핵심인가

중독 치료는 온정과 이해라는 틀 안에서 이루어질 때 가장 효과적이다. 존중하고, 공감하고, 협업하고, 판단하지 않는 접근 방식은 모든 치유적 관계의 기초이다(로저스, 1961). 괴롭힘과 고립, 반복적이고 극심한 학대에 이르기까지 과거의 상처를 가진 사람들은 타인을 쉽게 믿지 않고 조그만

비난이나 거부의 표시에도 극도로 민감하다. 또한 예측할 수 없는 환경을 분석하는 데 숙달되어 있기 때문에 다른 사람의 감정이나 동기를 능히 평가하며 진실하지 못한 반응, 따분해 하는 반응, 즉흥적인 반응을 금방 알아채는 경향이 있다. 효과적인 치료가 되려면 개인의 행동을 '이 사람은 뭐가 문제인지'로 보는 것이 아니라 '이 사람에게 무슨 일이 있었는지'와 '그 일이 현재에 어떻게 영향을 주는지'의 관점에서 고려해야 한다. 이러한 관계의 힘을 과소평가해서는 안 된다. 관계는 누군가에게는 처음 경험하는 진정한 온기와 보살핌이 될 수도 있다. 문제 행동의 모든 측면을 아무 조건 없이 다 받아들이라는 뜻이 아니다. 중요한 것은 치유적 관계가 강한 유대를 제공한다는 점이다. 이러한 관계에서는 상대에 공감하면서도 문제를 제기할 수 있고, 중독자가 변하고 싶어 하는 부분들에 대해 스스로 한계를 설정하도록 지원할 수 있다. 세심하게 상대에게 반응하는 이러한 관계는 사회적 발판을 제공해 주어, 그 사람이 미래를 향해 가는 동안 상상하는 미래가 흩어지지 않게 붙잡아 줄 것이다. 이따금씩 도움이 되는 대화만으로도 누군가가 변화를 시작하도록 이끌 수 있다.

치료를 위한 의학적 접근

'질병으로서의 중독'과 '깊이 자리 잡은 학습으로서의 중독'이라는 이분법의 중간 지점은 심한 중독을 당뇨 혹은 심혈관 질환처럼 만성 질환과 비교하는 것이다. 이 방법에서는 의학적 모델과 심리학적 모델을 더 밀접하게 연결시키며 행복을 관리하고 회복 상태를 유지하는 '자기 관리'의 일환으로 적절한 치료를 권장한다. 여전히 중독을 질병으로 보는 문제가 있기는 하지만 중독의 문제를 질환으로 보는 것을 선호하는 사람들에게는 이렇게 생각하는 것이 도움이 될 것이다. 질병을 관리하는 방법을 배우는 것은 변화를 방해하는 장애물을 해결하는 것이다. 예를 들어 당뇨라면 식단 조절과 운동으로 이러한 장애물을 해결할 수 있다. 중독의 경우에는 교육, 취업, 주거, 관계 재설정, 혹은 다른 정신 건강 장애에 대처하는 것으로 장애물을 해결할 수 있다. 이와 관련해서는 다양한 의견과 신념이 존재하는데 이런 접근 방식에서 회복은 더 이상 약물 사용을 하지 않는 것일 수도 있지만 피해 최소화, 즉 사용량 조절이나 안정화를 뜻할 수도 있다.

문제성 마약 사용과 중독의 치료 분야에서 '약물 사용 중단'과 '약물 피해 최소화'의 두 가지 방법을 두고 각각의 장점에 관한 열띤 논의가 오래 지속되어 왔다. 약물 피해 최소화를 찬성하는 사람들은 일부 중독자는 계속 마약을 사용할 것이라는 점을 인정하고, 사용을 점차 줄이거나 중단한다는 목표를 가지고 안전하게 약물을 사용하도록 지원해야 한다고 주장한다. 약물 사용 중단을 찬성하는 쪽에서는 약물 피해 최소화를 마약 사용을 '허용'하는 것으로 보고 약물 사용 중단만이 '진정한' 회복의 길이라고 믿는다. 약물 사용 중단에 중점을 둔 사회적 지원이 심각한 마약 및 알코올 중독에서의 회복에 중요하지만(리트 외, 2007) 통합적 관점에서 본 회복에는 두 가지 방법이 모두 중요하며, 가장 좋은 목표(그리고 가장 잘 들을 것 같은 목표)는 환자 스스로 선택하는 방법이다. 약물 피해 줄이기 접근법에는 세 가지 광범위한 목표가 있다. 첫째는 '죽음을 막는 것'으로 약물 과다 사용 예방과 안전한 주사 관리 등의 개입이 포함된다. 둘째는 '건강 유지'로 혈액을 통해 감염되는 바이러스로 인한 질병 치료, 주삿바늘 교체, 아편계 대체 약물 치료(뒤에서 설명한다), 축제나 클럽에서의 마약 검사와 안전한 주사 장소 제공 등이 포함된다. 세 번째는 '중독의 개선'으로 필요한 경우 약리학적 접근 방법을 병행한 심리학적, 사회적 개입이 포함된다(워닥, 1994; 켈로그, 2003). 이 모든 방법은 '현재 그들이 처해 있는 상황에서' 중독자를 만날 필요가 있다는 인식에서 시작한다. 임상 심리학자이자 작가인 앤드루 타타스키는 피해 줄이기와 심리 치료를 결합하고(2003), 이러한 논쟁의 절충안이 '사용 중단을 목표로 하는 것'이라고 강조했다. 약물 사용 중단이라는 목표를 향한 점진적 단계들은 모두 옳은 방법이기 때문이다. 임상 심리학자이자 작가인 스콧 켈로그는 이 방법을 '점진주의'라고 정의했다(2003).

메타돈과 부프레노르핀(서복손 또는 서부텍스)같은 아편계 대체 약물 치료는 유효한 방법을 제공하여 다음 사용할 마약을 구하는 데만 집중된 혼돈스런 생활 방식을 안정시키고, 일정 시간에 일정량의 약을 처방하여 민감화를 인내로 변화시킨다. 이들 약물은 약효가 서서히 나타나 오래 지속되므로 헤로인의 효과가 최고조에 이르렀다가 갑자기 떨어지는 부작용을 줄여 준다(클리니컬 가이드라인, 2017). '나록손'이라고 불리는 약물은 아편계 약물 수용체를 차단하고 헤로인의 효과를 상쇄하므로 아편계 약물 과용의 부작용을 해소할 수 있다. 이는 국가 차원의 캠페인으로 생명을 구할 수 있는 약을 헤로인 사용자들이 처방받아 사용할 수 있도록 보장해, 처음으로 헤로인을 과용한 사람들이 중독으로 가는 길을 막을 방법이 마련되었다. 갈망이나 금단 증상 같은 중독 행동과 관련된 다른 증상에 대처하기 위한 여러 약도 개발되었으나 이 책에서 소개하지는 않을 것이다.

의학적 모델이 고전하는 부분은 대체 약물 처방 이후와 관련해서이다. 피해 최소화를 위한 개입과 더불어 약리학적으로 치료하면 혼돈을 잠재우고 사람들에게 보살핌과 지원받을 길을 제공하는 데에는 매우 효과적이다. 그러나 혼돈이 가시고, 삶의 현실과 과거가 그들을 사로잡으면 종종 정신 건강이 더 악화되는 것을 경험한다. 아편계 대체 약물 요법이 비난받는 이유 중 하나는 사람들을 다른 형태의 약물 의존자로 형태만 바꾼다는 것이다. 대체 약물 치료법은 불편할 수 있다. 사람들이 처방을 받으러 병원이나 약국에 가야 하고, 그 약을 약사 앞에서 먹어야만 하기 때문이다. 낙인이 찍혔다고 느낄 수도 있다. 그러나 많은 사람들에게 불법 유통된 마약이라는 대안보다는 훨씬 나은 방법이고 생명을 구하는 약이라는 것은 의심할 여지가 없다. 아편계 대체 약물 요법은 사람들에게 자신의 손길을 필요로 하는 삶의 다른 부분을 돌아볼 기회를 주고 안정을 선사하는 방법이지만 모든 것을 다 해결할 수는 없다. 안정을 유지시키는 약물 처방과 더불어 심리학적, 사회적 접근 방법이 진가를 발휘하는 지점이 바로 여기이다.

치료를 위한 심리학적 접근

심리학적 개입은 진단을 내리기보다는 각 개인이 가진 문제의 체계화된 분석을 기반으로 이루어진다. 이는 신체, 감정, 생각, 개인 경험의 사회적 측면들 같은 정보를 통합하여 문제가 어떻게 발전되어 왔는지, 무엇으로 인해 문제가 지속되는지를 설명한다. 또한 치료 담당자의 심리학적 이론이나 증거에 대한 지식과 현재 상황이나 이러한 문제가 어떻게 생겨났는지에 대한 개인이나 가족의 생각과 이해를 결합한다. 마치 현재 진행 중인 상황에 대한 큰 그림을 보여 주기 위해 퍼즐을 합동으로 맞추는 과정과 비슷하다. 서술된 내용에 대해 토론하고 동의하는 과정에서 개인이 이해받는다고 느낄 수 있고, 어떤 문제가 서로 관련되어 있는지 아는 기회가 될 수도 있으므로 토론과 동의 과정 자체가 개입이 될 수 있다. 이런 과정은 앞으로의 진행 방법에 대한 지도를 제공한다.

심리학적 개입에는 행동적 접근법과 인지 행동적 접근법을 포함하여 여러 종류가 있다. 이 접근 방법은 사건에 대한 우리의 해석이 행동에 어떻게 영향을 미치는지를 살펴본다. 또한 수용, 자비, 마음 챙김 같은 불교의 수행법과 감정을 조절하고 충동을 관리하는 기술을 배우기 위해 다양한 전략을 통합한 치료법도 있다. 이런 치료법들은 중독 단계에 따라 각기 다른 시점에서 어느 정도 유용하다. 중독이 심각하고 강박적일수록 행동은 더 자동적으로 이루어지므로 생각하고 돌아보게 만드는 인지 요법 같은 개입이 어려울 것이다. 이 단계에서는 행동과 환경에 초점을 맞춘 실질적인 개입이 더 도움이 되는데 각각의 상황에서 무엇을 해야 할지 구체적으로 지시해 주기 때문이다. 예를 들어 금요일마다 받는 주급으로 인해 폭음이 촉발된다면 주급을 바로 통장으로 들어가도록 해 놓고 카드를 (매우 신뢰할 만한) 친구나 가족에게 맡기거나, 주말에 헬스장으로 가는 것 같이 술집에서 친구를 만나지 않도록 상황을 계획한다. 상황에 따라 어떤 행동을 취할지 계획해 두는 것이다. 이러한 개입은 단기적으로는 유용하며 어느 정도 체계를 갖출 기회를 주고 혼돈에 약간의 질서를 부여한다.

그러나 이것만으로 충분치 않다. 많은 사람들이 함께 술을 마시고 마약을 하던 친구를 만나지 않고, 유혹을 느낄 것이 뻔한 장소에 발을 끊었을 때 그들을 기다리는 참을 수 없는 권태와 고립감에 대해 이야기한다. 만약 중독의 목적이 공허함을 채우는 것이라면 중독을 초래한 물질과 접촉을 차단했을 때 건강에는 도움이 되겠지만 공허함 그 자체에 고스란히 노출된다. 이때는 갈망이 커지고 기분이 침체될 것이다. '끊으면 기분이 나아질 줄 알았는데 더 나쁘잖아!', '그전보다 못해! 그럼 끊는 게 무슨 소용이 있는데?' 이런 문제는 중독의 핵심인 양면적 가치를 생각해 보게 한다. 이를 세심히 검토해야만 우리가 진정으로 원하는 것을 추구하는 과정에서 의욕이 흔들리지 않고 과잉 반응하는 인센티브와 보상 시스템에 끌려다니지 않을 수 있다.

중독 속의 갈등

무언가에 중독이 되면 복합적인 연상 작용과 기억, 강박으로 인해 기존에 형성된, 잘 길들여진 방식으로 행동하게 된다. 행동을 변화시키려는 동기는 여러 측면에서 생겨날 수 있다. 더 이상 이런 식으로는 살 수 없다는 내적 인식, 또는 친구나 가족처럼 외부의 압력, 또는 사법 제도의 강제적 압력이 동기가 될 수 있다. 이런 것들이 현재 행동과 핵심 가치들 사이에 갈등을 빚을 수도 있다. 핵심 가치는 자신을 어떻게 보는지, 또는 어떤 사람이 되고 싶은지와 같은 것들이다. 어떤 이들에게는 이러한 갈등이 자신이 중독으로 가는 보이지 않는 선을 넘었다는 것을 깨닫는 계기일 수도 있다. 끊을 수 없을 것처럼 느껴지지만 이제는 정말 끊기를 원한다. 다른 이들에게는 끊지 않으면 양육권, 직장 또는 삶을 송두리째 잃을 수 있다는 자각이 될 수도 있다. 변화하려는 동기는 변화가 가능하다는 희망에서 자라난다. 서로 협력하는 공동체와 회복 공동체에서 들려주는 이야기마다 희망이 존재한다. 중독을 겪었지만 이제는 회복한 사람들과의 만남에서 얻을 수 있는 영감 또한 변화의 동기가 될 수 있다. 또한 스스로 변할 수 있다는 믿음도 동기를 자라나게 할 수 있다. 비록 그 믿음이 처음에는 다른 사람들에게서 왔을 수도 있다. 자신은 아직 터널 끝의 빛을 보지 못했기 때문이다. 저울이 변화 쪽으로 기울어지는 일은 어떤 경우에는 갑작스럽게 생길 수도 있고 어떤 때는 미세하게 나타날 수도 있다. 또한 저울의 눈금이 다시 중독 쪽으로 돌아가는 일도 너무 흔하다. 동료, 환경, 중독 물질의 사용 용이성, 현실 직시의 두려움, 강박의 힘 때문일 수 있다. 그렇다면 어떻게 해야 사람들을 변하게 하고, 변화를 지속하도록 격려할 수 있을까? 우리는 어떻게 해야 변할까?

이제까지 동기는 '동기 부여가 되었거나 아니거나' 하는 정적인 상태로 인식되어 왔다. 그러나 지금은 동적이고 때로는 우리가 있는 장소, 누구와 이야기하고 있는지 등에 따라 변할 수 있는 변덕스러운 것으로 인식된다. 일생일대의 변화를 고려하고 있는 어느 누구라도 무엇을 할지 100% 확신하는 경우는 드물다. 따라서 우리의 상반되는 감정을 파악하려면 양쪽 경우의 수 모두를 말로 표현해 보는 것이 도움이 된다.

동기 부여 인터뷰는 자기 지각 이론(자신이 스스로 크게 소리 내 말한 일을 실행하게 될 가능성이 높다는 이론; 벰, 1972)에 근거한 대화 방식이다. 이 인터뷰는 상담 기법을 사용하므로 협업을 바탕으로 공감하고 긍정적으로 진행되지만 동시에 지시를 내리기도 한다. 어떤 사람이 변화에 관해 이야기하면 인터뷰 상담자는 잘 듣고 그 사람에게 내용을 재확인하여 그 사람의 핵심 가치와 변화를 연결시킴으로써 변화에 대한 이야기를 부드럽게 강화한다. 그리고 그 사람의 행동과 가치 사이에는 괴리가 있다는 점을 지적한다. 예를 들자면 다음과 같다.

> 그래서 한편으로는 사람들이 이 일로 야단법석을 떠는 것이 짜증이 나지만 다른 한편으로는 스스로도 걱정을 한 적이 있지 않나요…… 상황이 통제할 수 있는 범위를 약간 넘어섰고, 이건 스스로 생각하는 자신의 모습은 아니잖아요.

원래 이 인터뷰는 심리학 교수 윌리엄 밀러와 스티븐 롤닉(2013)이 문제성 알코올 사용자를 위해 개발한 것으로, 현재는 긍정적 행동 변화의 다른 영역들을 포함해 알코올,

니코틴, 마약 및 도박 중독에 두루 사용되고 있다.

이러한 양가감정을 탐구하는 다른 방식으로는 게슈탈트와 스키마의 치료 모델(네비스, 2000; 영 외, 2003)이 있다. 이 모델의 목적은 우리가 자기 자신과 갈등이 있을 때 내적 대화를 시작하게 하고 자아가 좀 더 건강하게 대응할 수 있는 측면을 강화하는 것이다. 욕구가 충족되면 우리는 매우 건강하고 책임감 있는 성인으로 성장한다. 그런 사람은 대부분 인생의 굴곡을 피하지 않고 당당히 대처하며, 원시적인 감정 욕구를 충족시키려 하거나 이러한 욕구에 굴복하지 않는다. 뇌 용어로 표현하면 잘 발달되고 적응력이 뛰어난 전전두엽 피질을 갖게 되는 것이다. 어떤 감정적 욕구가 충족되지 않았다면 우리의 인성에 서로 다른 여러 양상이 존재하는 것을 인식하게 될 수 있다. 그리고 종종 이러한 여러 양상이 서로 갈등을 일으킬 수도 있다. 이것을 이해하는 한 가지 방법은 자신이 지금 중독 행동을 해야 할지 말아야 할지 결정해야 한다고 가정하는 것이다. 이때는 아마도 서로 상충하는 감정들을 가지게 될 것이다. 이러한 각각의 감정을 말로 표현해 본다면 어떨까? 겁에 질린 감정은 무엇을 필요로 할까? 화가 난 감정은 어떨까? 이제는 스스로 바라는 자신을 상상해 보자. 상상하기 너무 어렵다면 자신을 진심으로 걱정해 주고 잘되기만을 바라는 현명하고 따뜻한 동료 한 사람을 떠올려 보자. 스스로 바라는 모습의 당신은 무엇이 필요하다고 생각할까?[1]

이 접근법에서 생길 수 있는 한 가지 문제는 개인 당사자가 무엇이 자신을 중독으로 몰아가는지에 대해 어느 정도의 인식과 통찰을 가질 필요가 있다는 점이다. 중독으로 몰아가는 것들이 무의식적이고 자동적일수록, 일단 그 사람이 편안하거나 해묵은 행동 패턴으로 잡아당기는 중독의 '세이렌'들에 둘러싸이면 변화하려는 시도는 제 궤도를 벗어나 좌초될 수 있다. 우리의 보상 시스템은 효율적으로 보상을 의미하는 신호들을 받아들여 우선권을 주기 때문에, 의식적 결정이 '안 돼'라고 말하더라도 뇌는 보상에 대해 이미 '좋아'라고 말하는 것 같은 상황이 나타난다. 이러한 상황에서 무엇을 하고 싶은지에 대한 느리고 의식적인 결정이 이루어진다. 이러한 편향이 강하면 강할수록 나쁜 습관으로 되돌아가기 더 쉽다. 무의식적 충동에 대한 저항을 강화시켜야만 이를 막을 수 있다. 의식하지도 못하는 일을 어떻게 조절할 수 있겠는가?

충동, 강박, 그리고 자기 통제

앞에서 설명한 것처럼 중독 행동이 자동적으로 이루어질 때에는 가능한 한 환경을 통제하는 것이 훌륭한 첫걸음이다. 이는 '자극 조절'이라고 알려져 있다. 뇌에 두 종류의 처리 시스템—좀 더 빠른 '충동' 시스템과 좀 더 느린 '사고' 시스템—이 있다는 것을 알면 이 두 시스템을 모두 이용하는 기술을 개발하려는 노력을 통해 행동을 변화시킬 수 있다. 사고 시스템은 이성을 담당한다. 반면 충동 시스템은 좀 더 변덕스러우며 감정적인 문제를 처리하거나 환경에서 전달된 신호를 처리할 때 활약한다. 충동 시스템은 마치 언제나 켜져 있는 레이더처럼 우리에게 중요하거나 의미 있는 것을 찾기 위해 항상 검색을 하고 있다. 이러한 기능은 대부분의 경우에 유용하다. 우리가 온갖 정보에 둘러싸여 이 모든 정보에 주의를 기울이려 한다면 우리는 그 자리에 얼어붙거나 압도당할 것이다. (흥미롭게도 이것은 자폐를 가진 사람들에게 일어나는 일로, 그들은 정보를 다른 사람들처럼 걸러내지 못하여 감정, 소음, 정보의 소용돌이에 자신을 노출시키게 된다. 이 때문에 허리케인의 소용돌이처럼 느껴지는 것들을 통제하는 방편으로 종종 이상한 행동을 한다.) 중독 행동에서는 신호가 감정과 관련되어 시작되기 때문에 억제하기 힘들다. 그러므로 이러한 신호를 관리하기 위해서는 보상 시스템을 단축시키고, '위에서 아래로' 전달되는 사고 과정과 '아래에서 위로' 전달되는 충동 과정 모두를 훈련해야 한다. 또한 동기 부여가 중독에 사용되는 것처럼 동기 부여를 회복에도 활용할 수 있는 방법이 필요하다. 사고 시스템은 집중하는 데 제한적이다. 우리의 집중력은 스포트라이트와 같고 의식적으로 통제 가능하다. 그러나 충동 시스템이 원하는 것을 발견하면 우리의 집중력을 사로잡아 자신의 요구에만 초점을 맞추게 한다. 주의를 끌려는 아기처럼 끈질기게 외친다. '여기 좀 봐! 봐! 보라고!' 우리가 원하는 곳에 의식적으로 주의를 다시 돌릴 수 있는 방법이 없다면 우리의 주의가 어디를 향하고 있는지에 따라 우리의 행동이 결정된다. 그렇다면 어떻게 뇌를 훈련해야 할까?

깊숙이 자리 잡은 중독 행동을 '몰아내는' 한 가지 방법은 처음 우리를 엉망으로 만든 조작적 조건화와 똑같은 과정을 활용하여 보상 시스템에 더 나은 대안을 주는 것이다. 행동 개입은 특정 행동에 대해 보상을 제공하거나 격려하여 여러 상황에서 행동을 수정하는 데 사용된다. 이러한 예로 아이에게 별 스티커를 주어 행동을 교정하는 방법이 있다. 마약과 알코올 치료에서는 '돌발 상황 관리contingent management, CM(조작적 조건화에 바탕을 둔 중독 행동 치료에 사용되는 기법 중 하나로 중독 행동이 개선되었을 때 보상을 제공하는 관리 방법—옮긴이 주)'가 이런 아이디어를 바탕으로 만들어졌다. 예를 들어 치료를 끝마친 사람들은 회복이 지속될 가능성이 크지만 도중에 치료를 그만두는 사람들의 비율이 매우 높다. 중독 치료는 매우 힘든 과정이라 때로는 오래된 패턴으로 되돌아가는 것이 더 쉽다. 따라서 치료에서는 반드시 보상이라는 도구를 사용해야 한다. 보상은 치료받는 사람과 합의하여 정하지만 여러 연구에서는 상품권, 처방의 융통성 보장, 다른 형태의 지원 등을 보상으로 사용했다. 보상의 약속은 치료를 계속해서 받고, 치료 계획을 잘 지키고, 약물 사용을 줄이도록 만들었다(페트리, 2000). 우리는 자신이 한 일에 보상이 주어지길 바라며 어떤 일을 한다. 그러나 우리가 원하는 것이 무엇인지 알고 있을 때라도 동기는 흔들릴 수 있다. 돌발 상황 관리는 매우 효과적이지만 그것을 지원 서비스 전반에 적용하는 경우는 드물다. 그 원인은 정치인들의 의지가 부족한 데다 '마약 중독자들에게 보상을 제공'한다는 언론의 스토리텔링 때문인데, 여기에는 마약 중독자들은 나쁘고, 가치 없고, 벌을 받아 마땅하고, 보상을 받아서는 안 된다는 메시지가 숨어 있다. 하지만 이제 일부 분야에서는 이런 상황이 바뀌고 있으며, 이는 여러 긍정적 결과가 보여 준 힘 때문이다. 증거를 기반으로 치료하면 중독자와 그들의 지역 사회에 분명히 혜택이 돌아간다. '지역 사회 강화 접근법' 같은 다른 방법은 개인의 사회적 환경을 바꾸기 위해 보상 시스템을 통합하는 방식으로, 사회 전체 네트워크를 통해 더 적절하고 비중독적 행위를 강화할 수 있다(스미스 외, 2001).

보상 신호를 덜 매력적으로 느끼도록 뇌를 훈련할 수 있을까? 작업 기억(순간 기억, 일례로 전화번호를 잠시 기억할 때 사용하는 기억)에 어떤 내용이 계속 들어 있으면 단일 목표—'파티에 가면 콜라를 달라고 해야지'와 같은—에 집중하게 되어 '위에서 아래로' 전달되는 사고 과정에 도움이 된다는 연구 결과도 있다. 그러나 뇌가 무의식적 신호가 연결된 대규모 망을 만나면 2장에서 설명한 '자아 피로'의 먹이가 되어(가이언, 2013) 이 전략이 효과를 발휘하지 못할 수도 있다는 연구 결과도 있다. 일반적으로, 뇌가 충동을 관리하도록 훈련하려면 분명하고 달성 가능한 목표를 세우고 목표를 단순하게 유지하는 것이 답이다. 구체적specific이고 측정 가능measurable하며, 달성 가능achievable하고 현실적realistic인 동시에 시간 제한time-limited이 있는 스마트SMART 목표의 설정과 문제 해결 훈련으로 원하는 결과를 향해 점진적으로 나아갈 수 있다. 여기서 핵심은 점진적으로 행동을 형성하는 것이다. 그 이유는 스콧 켈로그가 그의 저서 69쪽에 설명한 '점진주의', 즉 작은 목표를 달성할수록 다음 단계에 자신감을 느끼게 되는 현상 때문이다. 중독자라면 한동안 실직 상태였을 것이고 일을 해야 술 마실 시간도 줄어들고 자신을 긍정적으로 바라볼 수 있다는 것도 알기 때문에 이제 직장을 구하려 한다. 그러나 '취업'이라는 목표가 너무 크고 버겁게 느껴지기 때문에 이로 인한 부담감이 커질수록 다시 현실에서 도피할 (또는 다시 술을 마실) 가능성이 높다. 목표가 작고 달성하기 쉬울수록 성공할 확률이 높다. 예를 들어, 구인 광고를 보고 지원할 수 있는 일자리를 선택한다고 해 보자. 구인 광고 중에서 하나를 고른다. 친구에게 지원서 쓰는 것을 도와 달라고 부탁한다. 경험을 좀 더 쌓을 수 있는 자원봉사 일이 있는지 알아본다. 마감 기한을 설정한다. 그래야 목표 달성 여부를 스스로 알 수 있다. 일례로 '이번 일요일까지 지원할 곳 세 군데를 찾을 거야'라는 식이다. 중독 행동에도 같은 방법이 적용된다. '끊는다'는 목표는 복잡하지만 '일주일에 이틀은 끊는다, 자조 집단을 찾아본다, 그 집단에 연락한다, 누군가에게 끊어야겠다고 말한다, 지역 중독 서비스 센터 전화번호를 찾는다, 그 센터에 연락한다' 같은 것들은 한결 도달하기 쉬운 목표이며, 이런 작은 단계들이 모여 목표에 다가갈 수 있게 해준다.

뇌가 작동하는 메커니즘을 아는 것도 도움이 된다. 뇌는 아주 교묘한 구석이 있기 때문에 우리는 종종 자동적으로 이루어지고 우리의 통제를 벗어난 뇌의 처리 과정으로 인해 자신을 혹독하게 비판하기도 한다. 임상 심리학자 프랭크 라이언이 지적하는 대로, 중독 행동을 변화시키려 노력할 때 자신이 얼마나 자주 중독 신호들—슈퍼마켓의 술 진열대, 은박지와 다른 집 부엌에 있는 숟가락(헤로인 사용에 의미 있는 신호들), 온라인 도박 모임의 웹 페이지—에 정신이 팔리는지를 알아차리고 매우 낙담할 수 있다. '온갖 방법을 다 쓰는데도 아직도 무시하지 못하는구나…… 아직도 중독에서 벗어나지 못했음에 틀림없어…… 내내 저런 것에 신경이 가는 걸 보면 아직도 원하는 게 틀림없어…… 다시 중독으로 돌아가고 말 것 같아…… 난 아직도 근본적으로 마약 중독자구나.' 이러한 꼬리에 꼬리를 무는 걱정과 여전히 '신경 쓰이는 것'이 자신과 앞으로 벌어질 일과 관련해 어떤 의미인지에 관한 생각은 의지력을 허물고 재발의 가능성을 더 높인다. 그보다는 중독 약물에 계속 관심이 가는 것을 알아챘을 때 스스로에게 이렇게 말해 주면 어떨까? '괜찮아. 아무것도 아냐. 그저 뇌가 교묘하게 굴고 있는 것뿐이야. 난 내가 변하고 싶어 하는 것을 알아. 포기하겠다는 의미는 아냐.' 그러고는 자신이 원하는 곳으로 부드럽게 주의를 되돌리는 것이다. 중독 행동과 관련된 정보를 우선적으로 처리하는 현상은 노력이 약화된다는 표시가 아니고 그저 보상 시스템의 장난질일 뿐이다(라이언, 2013).

주의력을 훈련하는 이런 과정은 마음 챙김 명상의 핵심이다. 균형을 되찾고 의식적인 조절 능력을 증진하는 방법으로 오랫동안 (불교의 가르침으로 돌아가자면 수천 년 동안) 장려되어 왔다. 명상은 마음의 과정을 더 잘 깨닫게 하며 자신의 현재 경험을 받아들이라고 가르친다. 이렇게 자동적인 반응에서 자신을 분리하는 연습을 함으로써 마음은 '배고픈 유령'이 '원하는 것'에 대항할 수 있다. 그리고 중독 행동의 특징인 방해와 강박에서 한 발짝 벗어나는 방법을 알려 준다. 명상은 주의 집중을 훈련하도록 가르치며 주의가 분산될 때마다 부드럽게 제자리로 돌리고 비판 없이 매 순간의 경험을 인식하는 법을 가르친다. 이것은 자비의 정신에 바탕을 두고 있다. 자신의 반응을 자책하는 대신 받아들이고 이러한 반응에서 자신을 분리하는 것을 목표로 한다. 따뜻한 호기심과 수용을 배경으로 '무엇이든 있는 그대로 깨닫는' 연습은 우리를 중독으로 몰아가고 있을 수도 있는 무의식적 욕구를 알아차리는 능력을 향상시킨다. 우리 몸 안에서 갈망은 어떻게 느껴지나? 무슨 생각이 마음속을 스쳐 지나가나? 종종 음식이나 마약 혹은 오락거리는 '지금 존재하는 것'을 피하는 방법이며 이러한 밑바닥에 깔린 욕구를 충족시키는 대안을 배우면 중독을 좀 더 의식적으로 통제할 수 있게 된다.

생각하기에 관해 생각하기

중독 행동으로 이어지는 과정과 중독 행동이 지속되는 과정이 우리의 믿음과 태도에 의해 영향을 받는다는 것은 익히 알려진 바다. 인지 행동 치료는 자신의 경험을 스스로 치료할 수 있게 설계된 치료법으로, 자신의 행동을 관찰하고, 유발 요인(우리가 의식하는 상황에서)을 이해하고, 생각과 믿음의 영향을 재정비하게 만든다. 중독 행동에 관한 믿음은 중요하다. 이러한 믿음은 "난 술을 마시지 않으면 이것을 할 수 없어" 또는 "난 할 수 있어"처럼 자기 효능감에 대한 것이다. "기분이 나아질 거야…… 이렇게 느끼지 않을 거야…… 내가 통제할 거야…… 느끼지 않을 거야"처럼 중독 행동이 자신에게 미칠 영향에 대한 예상과 관련이 있을 수도 있고, "한번 정도는 해롭지 않을 거야…… 오래 가지는 않을 거니까…… 난 그럴 자격 있어"처럼 자신에게 허가해 주는 것일 수도 있다(미치슨 외, 2010). 우리가 생각하는 방식은 우리가 어떻게 느끼는지에 따라 신체적 반응과 행동에 영향을 미친다. 생각의 패턴은 중독 행동만큼이나 습관적이며 우리의 생각이 특정 방식으로 흐르는 데에 익숙해져 있으면 이것을 고치기 어려울 수도 있다.

우리가 우울할 때에는 마치 생각에 부정적인 필터를 끼고 모든 사물을 바라보는 것과 같아서 앞으로의 전망, 자신의 잠재력, 자기 자신에 관해 비관적인 쪽으로만 바라보게 된다. 화난 상태에서는 어디를 보나 불의가 보이고 개인적 모욕을 느낀다. 인지 행동 요법은 이런 패턴과 패턴들 사이의 관계를 탐구하고 각각의 사안을 서로 분리하도록 돕는다. 우리의 생각이나 감정은 우리 자신이 아니다. 따라서 생각과 감정에 문제를 일으키는 것에서 한발 물러나면 더 많은 통제감을 느낄 수 있다. 현재 인지 행동 치료를 받는 중이라면 여러 특정 믿음을 검증하기 위해 치료사와 함께 행동 실험을 할 수도 있다. '나는 나가기만 하면 술을 마셔, 그런다 해도 난 누구에게도 말할 수 없을 거야, 모두가 나를 비웃을 테니까, 난 모욕을 당하겠지'라는 생각을 가질 수 있다. 이러한 믿음을 검증해 보겠다는 동의가 이루어지면 실험을 준비한다. 대화를 시작하는 것에 관한 몇 가지 아이디어를 미리 생각해 자신을 무장할 수도 있고, 믿을 만한 친구들의 도움을 받을 수도 있다. 만약 자신이 가장 두려워하는 상황이 현실로 나타나지 않으면 자신감이 크게 상승할 것이다. 이 실험은 실패하더라도 매우 유용한데 무엇이 잘못되었는지 생각할 수 있고 다음 번 접근법에 응용할 수 있기 때문이다. 우리의 해석이 어떻게 감정과 행동에 영향을 주는지 알면 우리를 계속 덫에 빠져 있게 만드는 중독 행동의 사이클을 이해하는 데 도움이 된다.

중독과 감정 사이에서 균형 찾기

충동과 갈망과 같은 감정은 파도처럼 움직이며 각기 다른 강도로 우리를 덮치기도 하고 가끔은 우리를 멀리 휩쓸어 가기도 한다. 중독 행동과 감정 문제들은 아동기의 부정적 경험이라는 같은 뿌리에서 생겨났을 수도 있다. 또는 중독 행동이 뇌의 감정 조절 시스템에 미친 영향에 장기적으로 노출되었기 때문일 수도 있다. 스트레스 시스템이 비상사태일 때는 심사숙고하고 충동을 조절하기가 더 어려워진다. 압박이 점점 증가하는 상황에서는 습관적 반응에 의존하기 쉬우므로 감정을 조절하는 법을 배우는 것이 중독 행동을 관리하는 데 중요하다. 중독 행동이 감정을 관리하기 위한 방법으로 생겨난 것이든, 중독이 감정에 갖가지 문제를 일으킨 것이든 상관없이 적용되는 말이다. 마약과 알코올 사용이 감정을 저하시키거나 고조시킬 수 있으며, 종종 우리가 관리하려고 애쓰는 감정들을 격하게 만들기도 한다. 긴장을 풀고 불안을 덜기 위해 피우는 대마초나 헤로인, 알코올이 갖는 위험은 금단 증상이 시작될 때 물질이 대사되는 방식 때문에 불안과 동요가 더 심해질 수 있다는 점이다. 이러한 문제는 불안을 해소하기 위해 다이아제팜 같은 벤조다이아제핀계 약물을 사용하는 사람들에게 특히 문제가 될 수 있다. 이들 약물은 급격히 내성이 생기는데 신체 시스템에서 이러한 약물이 빠져나갈 때 불안과 불면증 같은 반발 증상rebound symptom을 초래한다. 이런 증상을 금단 현상이라고 인식하지 못하면 이러한 증상을 초래하는 약물을 더 많이 복용하는 사이클에 갇히게 될 수도 있다. 감정을 회피하는 방법으로 오랫동안 약물을 지속적으로 사용해 왔다면 자신의 감정을 경험하는 일이 너무나 낯설게 느껴져 자신이 마치 '미쳐 가는' 것처럼 느껴질 수도 있다. 비록 참기 힘들겠지만 자신을 알고, 자신이 어떻게, 왜 이렇게 느끼는지, 이러한 감정적 파도를 어떻게 탈 것인지 배우는 기회가 될 수 있다.

감정의 파도가 아무리 크게 느껴진다 하더라도 우리가 어떻게 느끼는지를 깨닫는 것이 감정 관리의 첫걸음이다. 우리는 실제로 우리가 무엇을 느끼는지, 무엇이 필요한지를 알 필요가 있다. 이러한 느낌이 아무리 강렬해 보이더라도 중독의 대상은 아니다. 아무리 버거운 감정이라 하더라도 '너무 버거워요', '정말 걱정돼요', '너무 화가 나요'처럼 감정에 표지를 붙이면 이러한 감정의 파도를 탈 수 있는 배를 얻게 된다. 느낌과 감정에 휩쓸리고 공격당하는 것이 아니라 '이러한 감정에 대해 무엇을 할 수 있을까?' 하고 자문할 기회를 얻을 수 있다. 때로는 상황을 얼마나 통제할 수 있는지를 고려해 무엇을 내려놓아야 할지 결정해야 한다. 어려운 일이라 하더라도 어려움을 피하기보다는 직면하면 어떤 문제는 맞서서 해결하고 어떤 문제는 당분간 내려놓아야 할지 결정할 수 있다. 우울한 기분과 안절부절못하는 상태는 권태와 고립에 의해 심해지므로 스케줄을 정하고 즐거움과 성취감을 주는 활동을 생각해 보는 것이 유용하다. 이것은 치료 용어로 '활동 스케줄링'으로 알려진 전략이다. 이러한 전략에서는 자신이 무엇을 바꾸려고 노력하고 있는지를 상기시키기는 격려의 말을 찾아내면 효과가 높아질 수 있다. '난 해낼 수 있어, 이미 많은 걸 헤쳐 왔고 이것도 해낼 거야', '이걸 먹으면 단기간에는 기분이 좋을지 몰라도 지속되지는 않을 거야. 장기적으로 기분이 나아지고 싶어.' 가능하다면 신뢰할 수 있는 사람들에게 긍정적인 격려의 말을 부탁할 수도 있다. 자신감을 찾기 힘들 때 이러한 문구가 자신에게 어려움을 헤쳐 나갈 힘이 있다는 증거로 작용할 것이다.

'충동 파도타기'는 마음 챙김 명상에서 유래된 것이며 갈망과 감정에 대응할 때 사용할 수 있다(말라트, 2002). 이 방법은 특히 자신의 감정과 그로 인한 결과가 두려울 때 유용하다. 이 방법은 감정에서 숨거나 감정을 바꾸려 하는 것이 아니라 있는 그대로 받아들이고 바다에서 파도를 타듯이 감정의 하강과 상승을 함께하는 것이다. 이따금씩 떨어지기도 하겠지만 괜찮다, 이것은 그저 연습이니까. 균형 잡는 법을 찾아내어 파도를 탈 때마다 반응하기 전 잠시 멈추도록 뇌를 훈련할 수 있고, 스스로 대처할 수 있다는 사실을 자신에게 보여 줄 수 있다. 호흡 조절 훈련 같은 이완 전략이나 감각을 진정시키는 전략(진정시키는 그림이나 향기, 또는 만질 수 있는 부드러운 물건)을 찾아내는 것도 불안과 동요가 신체적으로 나타나 심장이 심하게 뛰는 증상과 긴장을 관리할 수 있는 유용한 방법이다. 미술, 음악, 무용도 자신이 미처 표현하지 못했던 것을 표출하는 방법이 될 수 있다. 느린 심호흡도 체내 부교감 신경 시스템을 자극하고 '도주-투쟁' 반응에 대한 해독제가 된다. 말처럼 쉽지는 않겠지만, 호흡 조절을 배우면 마음도 조절할 수 있다. 이런 과정들은 결국 스스로를 돌보는 것—자신에게 부드럽게 말을 걸고, 숙면을 취하고, 잘 먹는 것—이다. 변화는 때로 자신이 상황을 개선할 수 있다는 믿음에서 시작된다.

변화된 상태 유지하기

감정을 관리하고 충동 조절을 배우는 것 모두 중독 행동을 바꾸는 핵심 요소이다. 생활 방식을 변화시키는 일은 결코 무난한 과정이 아니며 언제나 어려움이 따른다. 이 어려움은 가끔 내면의 무의식적 편향에서 오기도 하고, 변하지 않으려는 외부의 사회 문화적 압력에서 오기도 한다. 행동을 변화시키기 위해 오랫동안 몸담았던 어느 집단을 떠나야 한다면, 그 집단은 이런 '새로운' 모습에 반발할 수도 있다. 스트레스와 재발의 연관성에 관해서는 수십 년간 연구가 진행되었는데, 그중 주목할 만한 것은 지금은 고인이 된 앨런 말라트 교수의 연구이다. 말라트 교수는 동료 연구진과 함께, '그런 말 하지마' 혹은 '넌 할 수 있어'식의 기존의 방법에서 탈피했다. 재발에 기여하는 요인을 이해하고 재발 방지 기술을 개발하는 증거 중심의 프로그램으로 재발에 대한 관점을 변화시킨 것이다. 이 접근법은 중독 행동뿐 아니라 정신 건강 장애에도 유용하다. 말라트 교수와 동료인 케이트 비트키에비츠는 2014년에 '재발의 동적 모델'을 발표했다. 이 모델에서는 재발을 '이것이 일어나고 그다음에는 이것이 일어난다'라는 선형적인 방식으로 보지 않는다. 어떤 사람이 특정 시점에 중독 행동을 하는지 아닌지를 결정하는 데는 여러 가지 복잡하게 상호 작용하는 요인이 있다고 보았다(비트키에비츠와 말라트, 2004). 회복은 결코 평탄한 길이 아니다. 물론 인간의 복잡한 시스템 덕분에 어느 날 아침 갑자기 눈뜬 이후 영원히 끊게 되었다는 사람들의 이야기도 있을 수도 있지만, 대부분의 변화는 서서히 일어나게 마련이다.

중독 행동에서 완전히 벗어나기 위해서는 중독 없이도 삶에서 성취감을 느끼고 보상을 얻을 수 있어야 한다. 아동기에 힘든 시간을 보낸 사람들이 어려움에 직면하게 되면 건강하지 못한 해결책을 찾는 경향이 있다는 것을 3장에서 이미 살펴보았다. 삶에서 즐거움과 목적을 찾으면 견고한 관계, 목적이 있는 활동, 굳건한 자존감, 가치 있는 삶이 중독 행동보다 훨씬 매력 있다는 것을 알게 된다. 이것은 '회복 자본', 즉 변화를 이뤄 내고 유지하는 데 필요한 내적, 외적 자원을 쌓는 일이다(화이트와 클라우드, 2008). 중독 행동을 바꾸는 것은 정체성의 변화와 관련이 있는데, 중독 행동이 어린 시절에 시작되었다면 더 심도 있는 변화가 따라야 한다. 장기간에 걸친 마약이나 알코올, 그리고 이로 인한 자기 방치와 영양실조로 뇌가 심각하게 영향을 받은 사람들은 다른 경우보다 외부의 도움이 더 필요하긴 하지만 변화는 가능하다. 앨런 말라트와 연구 팀은 변화된 상태가 유지되려면 장기전이 될 것이 틀림없으므로 보통 치료 서비스를 제공하는 몇 주 또는 몇 달 이상의 지속적 지원이 있어야 한다는 결론을 얻었다. 바로 이 지점이 사회와 지역사회의 지원이 중요할 수 있는 대목이다. 사람들이 변화를 위한 단계를 따라잡고 공고히 할 수 있도록 안전망을 제공하고, 새롭게 생겨난 건강한 정체성을 강화하도록 지원해야 한다.

05

배고픈 유령에게 영양 공급하기

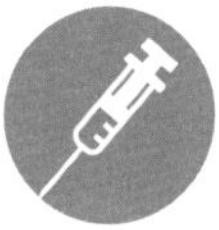

관계는 중독에서 회복되는 것의 핵심으로, 알코올 해독 프로그램을 마친 후 술을 마시지 않는 사람 한 명만 개인의 인간관계 목록에 추가되어도 재발 가능성을 27%까지 줄일 수 있을 정도이다(리트 외, 2007). 우리는 자신이 소중하게 생각하고 판단을 신뢰할 수 있는 주변 사람과의 연결 속에서 우리의 정체성을 발전시키고 조정하는데, 이 과정에서 자신에 대한 이야기를 여러 번 다시 쓰게 된다. 충동 혹은 갈망과 행동 사이에 거리를 두려면 즉각적 보상보다 더 가치 있는 미래의 자신의 모습을 상상하고, 앞으로 펼쳐

질 중독 없는 삶의 이야기를 더욱 매력적인 것으로 만들 필요가 있다. 그렇다면 작게는 가족과 친구 집단 내에서, 크게는 지역 사회와 사회 안에서 관계를 어떻게 활용해야 회복이 쉬워질까? 지역 내 사회 집단은 용인되는 행동의 기준을 설정하는 데 큰 역할을 하고, 중독 행동을 제한하거나 부추길 수도 있다. 또한 지리적 위치, 지역 사회 배경, 약물을 구할 수 있는 기회의 영향을 받는다. 사람들이 함께 모여 노력하고, 지지하고, 서로 배우기 위해 형성된 많은 집단이 있는데 중독에서의 회복을 논할 때 가장 잘 알려져 있는 모임이 '익명의 알코올 중독자들alcoholics anonymous, AA'이다.

동료 의식의 힘

'익명의 알코올 중독자들AA'은 1935년 미국 오하이오에서 시작되었다. 빌 윌슨과 밥 스미스 박사가 만나 자신들이 실제 회복 과정에서 밟은 12단계를 바탕으로 프로그램을 구성하였다. 이들은 동료 의식이라는 개념을 사용하였는데,

이 개념은 아직도 AA의 철학과 방법론의 근간을 이루고 있다(AA, 2001). AA에서는 원래 중독을 정신적, 영적 '병폐'라고 보았으나 나중에는 질병 모델을 채택했다. AA의 설립 취지는 금주를 원하는 사람들을 함께 모아 서로 협력하고, 경험을 공유하고, 정직하게 행동하고, 단계를 밟아 치유함으로써 이런 협력을 고무하는 것이다. 스스로에 대해서는 자신이 제일 잘 알기 때문에 여기서 해야 할 일은 모임에 출석하는 것뿐이다. AA가 획기적인 이유는 알코올 중독자들을 비난의 대상이 아니라 도움이 필요한 사람으로, 또한 알코올 중독을 회복 가능한 것으로 인식했기 때문이다. 회복에 이르기 위해서는 그저 인정하기만 하면 된다. 즉 중독 앞에 자신이 근본적으로 무력하다는 것을 먼저 인정한다. 또 알코올에 대한 개인적 취약성 때문에 평생 안고 가야 하는 질병에 걸렸다는 사실을 인지하고, 알코올을 끊는 것이 유일한 해결책이라는 것을 알기만 하면 된다. 관련 기관을 신뢰해야 한다는 말은 듣지만 이것도 개인이 선택할 수 있다. 도움을 받아들이기만 하면 회복은 시작된 것이며 그 후에는 다른 사람들을 도와줄 수도 있다. 여기에 계급 같은 것은 없다. 모임은 회원들에 의해 조직되고 운영된다. 새 회원은 '조력자(회복의 길로 조금 앞서 들어선 사람으로 그 사람처럼 회복하고 싶은 상대)'를 찾도록 격려받는다. 조력자는 첫 모임에 대해 조언하고 참석하는 데 도움을 준다.

이러한 12단계 접근 방식은 약물 중독 모임(1950년대 익명의 약물 중독자들)을 지원하는 데에도 응용되었고, 이후로는 더 확대되어 코카인(익명의 코카인 중독자들), 도박(익명의 도박 중독자들), 강박적 음식 섭취(익명의 과식자들), 중독과 싸우는 사람의 가족들Al-Anon에 이르기까지 모두 이 접근법을 채택하였다. 중독은 사람들을 고립시키고 수치스럽게 만들기 때문에 이 12단계 동료 의식을 통해 제공되는 지원 네트워크는 개인이 가질 수 있는, 안전하면서도 비난하지 않는 사회 연결망 중 맨 처음이자 때로는 유일한 존재일 수도 있다. 이 12단계 구성 요소 중 일부는 인지 행동 치료와 재발 방지 치료의 개념들을 따라 했다. 모임에 참여하는 사람들 사이에 '고약한 생각'으로 알려진, 부정적 생각이 어떻게 행동에 영향을 주는지와 같은 개념들이 그 예이다. 반복과 예측 가능한 모임의 구조로 인해 참여자들은 새로운 습관을 효과적으로 형성할 수 있고, 마약과 알코올 중독의 회복 초기에 있는 사람들의 재활에 도움이 된다. 이러한 사람들은 처음에는 기억하고, 계획하고, 효율적으로 문제를 해결하는 것을 어려워할 수 있기 때문이다. 솔직하게 털어놓는 모임의 특성은 회복의 각 단계에 있는 사람들에게 예상되는 덫과 난관을 직접 겪은 사례를 제공할 뿐 아니라 회복에 대한 희망을 줄 수 있다. 정기적으로 참석하면—초기에는 30일에 걸쳐 30번을 참석하도록 권유받는다—끊는다는 목표가 머리에 새겨지고 그 목표가 매번 모임을 거듭할수록 강화된다. 이 12단계 모임은 수백만이 넘는 사람들의 삶을 제 궤도로 돌려놓았다. 이 모임은 '자기 관리와 회복 관련(영문 약자를 따서 '스마트SMART 리커버리'라 부른다)'과 같은 여러 상호 부조와 자조自助 집단을 탄생시켰다. 이러한 집단은 상황 대처 기술을 가르치기 위해 인지 행동 치료의 원칙을 활용하는 한편, 중단이라는 목표를 구체적으로 명시하지 않고 중독이나 강박 행동에서 변화하고자 하는 사람 누구에게나 열려 있다. '스마트 리커버리'는 온라인으로도 참여가 가능한데, 이는 모임에 직접 참여할 수 없는 사람들에게 매우 중요할 수 있다(영국 스마트 리커버리, 2016). 현재는 여러 종류의 자조 집단이 있어서 초기 목표에 상관없이 지원 집단을 찾고 있는 사람들이 선택할 수 있다.

비록 이 시스템의 핵심적 요소들이 회복을 촉진하기는 하지만 자조 집단에 대해서는 찬반 의견이 엇갈리므로 이러한 내용에 대해 충분히 알고 있는 것이 도움이 된다. 심리학자 스텐톤 필레Stanton Peele는 AA 모임에 대해 "이 모임에 관해 말할 수 있는 최선은 이 방법이 효과가 있는 사람에게만 효과가 있다는 점이다"라고 주장한다(필레 외, 1992, pp. 19~46). 이 모임의 효과에 대한 증거는 서로 엇갈리는데 일부 증거에서는 AA모임에 정기적으로 참석한 사람들이 성공적으로 절제할 확률이 더 높은 것으로 나타났다. 그러나 2006년의 조사에서는 효과가 있다는 확실한 증거는 발견되지 않았다(페리 외, 2006). AA가 질병 모델을 채택하면서 그중 몇몇 집단에서는 극단적인 견해가 나타나기도 했다. '12단계 접근법을 받아들이지 않거나 받아들인다 해도 재발하면, 그것은 개인의 책임이다. 그 사람이 단계를 따르지 않은 것이다. 술을 마시거나 마약을 사용한 이유를 댄다면 그것은 핑계이다. 노력이 부족했다.' 이렇게 되면 19세기의 도덕적 훈계로 돌아가는 것이 된다. 집단의 지지가 없다면 이러한 모임의 12단계는 징벌이 될 수 있다. 또한 중독자들이 변하려면 '바닥을 쳐야' 할 필요가 있고 변화에 대한 보상은 그 이후여야 한다는 생각을 부추길 수 있다. 그러나 많은 중독자들은 이미 반복된 트라우마를 겪은 사람들이다. 마이아 살라비츠는 “현실에서 ‘바닥’이란 죄와 구원의 이야기 속 서사 도구일 뿐이지 중독에서 회복되는 핵심 단계에 대한 의학적 묘사는 아니다(2016, p. 184)”라고 말한다. 치료 과정에서 중독자에게 공감하고 자율권을 보장할 때 회복이 빨라진다. 회복으로 가는 길은 이 12단계 안과 밖에도 존재하며 여러 갈래의 길이 있다. 동료 모임과 자조 집단들 또한 수없이 다양하며 어느 집단에서나 문제는 발생한다. 성적 착취는 너무나 자주 조명되어 ‘13번째 단계’라는 명칭이 붙었는데, 더 오랜 기간 동안 금주나 안정을 유지하고 있는 사람이 회복 초기 단계에 있는 사람을 성적으로 유혹하는 것을 말한다. 이러한 모임은 마약 판매상이 새로운 고객을 찾는 기회로 활용되기도 하고 사람들을 더 큰 위험에 노출시키기도 하는데, 많은 모임이 자체적으로 이러한 문제를 찾아내어 신속하고 효과적으로 대처할 수 있다. 만약 이러한 12단계 모임이나 다른 유형의 자조 집단에 다닐 생각이 있다면 신뢰할 수 있고 몸담을 수 있는 집단과 후원자를 결정하기 전에 몇 차례 그 집단을 찾아가 회원들의 각기 다른 경험을 들어 보는 것이 도움이 된다.

일단 주의 사항은 제쳐 두고, 12단계 그룹, 자조 그룹, 동료 그룹은 회복을 지원하는 전체 시스템에서 필수적인 부분이다. 12단계 그룹의 몇몇 문제는 중독 '치료' 분야에서 이러한 그룹이 차지하는 위치가 독보적이기 때문일 수도 있다. 이로 인해 여러 전문가 치료 서비스에서도 이러한 방식을 채택한다. 12단계 그룹은 치료법이 아니고 그 집단을 옹호하는 사람들도 치료사들이 아니다. 이들은 애초에 그런 의도로 만들어진 집단도 아니다. 이러한 집단의 강점은 모두에게 열려 있는 점, 개인적 경험의 공유, 사람들이 원하기만 하면 제공하는 지원 네트워크에 있다. 어떤 전문적 치료도 그러한 것을 제공하지 못한다. 처음으로 그 집단에 나갈 기회를 찾은 사람들은 그 어디에서도 받아 보지 못한 수용과 지원을 받을 수 있으며 집단이 주는 유대감과 희망의 힘은 계산할 수 없을 정도로 크다. 다른 사람이 회복하도록 돕는 것을 중시하는 이러한 집단의 방침도 동료 그룹이 생겨나는 데 영향을 준다. 동시에 치료 서비스와 지역 사회, 사람들 사이에 다리를 놓아 주는 귀중한 연결 고리 역할을 하며 희망과 가능성의 산증인 역할을 한다(화이트, 2009). 불교의 스승 틱낫한의 말처럼 "우리는 어느 곳에나 작은 공동체를 만들어 이 배고픈 유령들이 쉴 수 있게 해 주어야 한다(틱낫한, 2007)."

가정사

마약과 알코올 중독 분야에서 자주 인용되는 숫자가 있는데, 바로 중독의 여파로 고통받는 사람의 수가 중독자 한 사람 당 네 명이라는 것이다. 여기에는 부모, 형제, 배우자, 친구가 포함된다. 이들은 사태를 수습하고, 뒤치다꺼리를 하고, 상실이나 분노, 고통을 겪고, 때로는 불행하게도 중독을 악화시킨다. 전 세계적으로 매우 보수적으로 추산해도 약 1억 명의 성인이 가족의 중독 문제로 영향을 받는 것으로 나타났다. 그들은 갈수록 더 많은 스트레스를 받으며, 건강이 악화되고, 개인적, 경제적 부담을 진다고 한다(오포드 외, 2013). 그리하여 가족을 위주로 한 자조 그룹이 생겨났다. 바로 알코올과 도박 문제를 가진 사람들의 가족 모임인 Al-Anon과 Gam-Anon이다. 그리고 이들 가족들의 필요를 충족시키기 위해 여러 단계의 심리학적 개입이 기획되었다. 지역 사회 강화 접근법community reinforcement approach에는 구성 요소 중 가족 훈련이 포함되어 있다. 이를 통해 마약 사용자들을 치료하도록 지원하는 데 중점을 두고 가족들에게 중독에서 벗어나는 행동을 강화하는 법을 훈련시킨다(마이어스 외, 1999). 가족 치료나 사회적 행동 네트워크 치료social behavioural network therapy, SBNT처럼 전체 가족 구성원이나 사회 네트워크와 함께하는 개입 방식도 있다(코펠로 외, 2002). 이러한 방식에서는 격려와 지원을 제공하는 강한 사회적 네트워크가 있을 때 변화가 일어나고 이를 유지할 가능성이 높아진다고 전제한다. 네트워크를 강화하기 위해 사회적 행동 네트워크 치료는 의사소통과 대처 기술 같은 여러 다양한 기술을 훈련시키고, 전체 사회나 가족 네트워크를 고려하여 '실수'와 재발에 대한 계획을 세운다.

일부에서는 질병 중심의 개입 방식과 관련해서 가족이 도우려는 시도가 중독의 기회를 제공하거나 상호 의존을 부추긴다는 비난이 있다. 그러나 가족 구성원들은 평범한 사람들이고, 복잡하면서 매우 스트레스가 심한 상황에 대처하고 있다. 또한 중독 행동은 이러한 상황에 사로잡혀 있는 모든 사람을 무력하게 만든다. 짐 오포드와 동료 연구진이 개발한 '스트레스-긴장-대처-지원-체제'에서는 이러한 것을 염두에 두고, 어려움에 처한 가족들을 비난하는 것에서 벗어나 그들이 처한 상황에 대한 책임감과 통제감을 되찾는 방법을 가르친다(오포드 외, 2010). 이 모델에서는 중독자와 가족들이 스트레스로 가득한 상황에 최선을 다해 대처하더라도, 그 과정에서 선택한 전략이 성공하지 못할 가능성을 인식한다. 이에 따라 가족 전체의 긴장이 높아져 각종 신체적, 정신적 건강 문제를 일으킬 수 있다고 본다. 따라서 이 모델은 '5단계 방법'으로 알려진, 겉보기에는 매우 간단한 개입 방식을 채택했다. 5단계 방법은 가족들의 특수한 필요를 살피고, 정보를 제공하고, 가족의 반응과 대응 전략을 검토하고, 사회적 지원을 강화하고, 더 도움이 되는 다른 형태의 도움을 찾는 과정이 포함된다. 이 방법에서는 중독 자체만으로도 가족들이 심각한 스트레스 상황에 놓이기 때문에 가족의 대처 능력을 향상시켜야 중독자와 가족 구성원들의 상황을 함께 향상시킬 수 있다고 강조한다. 이 방법은 세계 각지의 여러 다양한 조건에 적용 가능할 정도로 유연해서 멕시코의 토착민 공동체에서 대다수 백인 집단과 영국의 소수 무슬림 집단에 이르기까지 여러 나라와 문화 집단을 통틀어 긍정적인 결과를 이끌어 냈다(코펠로 외, 2010).

가족마다 역기능적 상황에 대처하는 방법이 다 다를 수 있고 어느 한 가족에 통하는 방법이 다른 가족에게는 형편없을 수도 있다. 금단 증상 때문에 술을 원하는 배우자에게 술을 사 주는 것 같은 행동은 '중독을 부추기는 일'로 판단된다. 그러나 배우자가 술이 없으면 화를 내고 예측 불가능한 행동을 한다면 어떻게 해야 할까? 본인과 아이들을 위해 술을 사다 주는 것이 더 나은 선택일까? 각 전략마다 특수한 상황에 따른 장단점이 있을 것이다. 5단계 방법에서는 이러한 상황들을 탐색할 뿐 아니라 가족 구성원들에게 권한과 정보를 주고 가족 전체의 안전을 지원할 수 있는 특정 상황별 정보를 제공한다.

가족 중에 아이가 있을 때는 어떻게 할 것인가? 부모가 마약이나 음주를 과도하게 한다고 해서 자동적으로 부모 역할을 못하거나 아이들을 위험에 처하게 하는 것은 아니지만, 문제가 생길 가능성과 폭력의 위험이 높아지는 것은 사실이다. 3장에서 살펴보았듯이 부모가 마약과 알코올을 문제시될 정도로 사용하면 아이들은 '아동기 부정적 경험'을 겪게 된다. 이런 경우 부모가 아이들을 보살피고 예측 가능한 환경을 제공하기 어렵기 때문이다. 이러한 영향은 태아 시기에도 나타날 수 있다. 임신부가 임신 기간 동안에도 금주하지 못한 경우 태아는 '태아 알코올 스펙트럼 장애 foetal alcohol spectrum disorders, FASD'를 갖게 된다. FASD는 다양한 일련의 행동 장애 및 신체적 문제뿐 아니라 학습 장애까지 초래한다. 통계에 의하면 미국 내에서 중독자 부모와 함께 사는 어린이는 약 830만 명(FADA, 2013)이고, 영국에서는 부모 중 한 명이라도 마약이나 알코올을 문제시될 정도로 사용하는 부모와 함께 사는 어린이는 약 385만 명(ACMD, 2011; 매닝 외, 2009)에 이르는 것으로 나타났다. 중독은 개인의 우선순위를 왜곡하여 관심과 자원이 갈망하는 대상에만 집중되고, 삶의 다른 중요한 부분이 밀려나게 된다. 이것은 아이에게는 매우 당황스럽고, 고통스러운 경험이다. 이러한 현실하에 살아가는 아이들에 대한 연구에 따르면, 중독은 마치 코끼리가 방 안에 들어와 있는 것처럼 "아이들이 무시할 수 없는 크고 위압적인 존재(룰, 2003,

p. 132)"지만 아이들은 종종 이러한 것을 무시하거나, 최소화하거나, 부정한다. 상실, 슬픔, 수치, 원망, 분노를 경험할 수도 있고 학대나 폭력의 경우에는 지속적 공포를 경험할 수도 있다. 이런 상황에서 아이들은 빨리 철이 들 수밖에 없고, 때로는 자신의 감정적, 신체적 욕구는 충족시키지 못한 채 자신을 챙기지 못하는 어른을 돌보는 결과로 이어질 수도 있다. 도움의 손길을 주는 경우에도 아이들은 무슨 일이 있는지를 제대로 말하기 힘든 경우가 많다. 이는 부모를 보호하고 부모에게 충성하려는 소망 때문이거나 가족이 깨질지 모른다는 두려움 때문이다. 이러한 아이들에게는 가정에서 일어나는 일에 대해 털어놓을 수 있는 안전하고 신뢰할 만한 관계가 필요하다. 더불어 자신이 제공한 정보가 어떻게 사용될 것인지, 그로 인해 생길 수 있는 결과가 무엇인지를 이해시켜 주어야 한다. 학교와 사회 서비스에 소속된 경험 많고 숙련된 직원이 시간을 두고 아이들 및 가족 구성원과 신뢰 관계를 쌓아 유대, 안전과 지원을 보장하고 상황이 악화되는 것을 막을 수 있다.

사회는 어떻게 중독의 씨앗을 뿌리나

가족은 그들이 살고 있는 지역 공동체와 사회의 영향을 받는다. 또한 우리 모두가 알다시피 뇌의 발달은 근본적으로 사회 속에서 이루어진다. 우리는 권위와 또래 집단이 주는 사회적 압력에 반응한다. 여성에 대한 폭력이 일반적이고 심지어 용인되는 사회에서는 이러한 폭력이 훨씬 더 자주 발생한다. 여성에 대한 폭력이 용인되지 않고 처벌받는 곳에서는 그 빈도가 급격히 떨어진다. 모르몬교도나 무슬림 사회처럼 종교적 이유로 알코올이 금지되는 문화에서는 금주하는 사람의 비율이 70%를 넘는다(미카락 외, 2007). 우리가 이미 3장에서 살펴본 대로 어린 시절 방치되었거나 보살핌을 받지 못한 사람에게 중독 행동의 씨가 뿌려질 가능성이 높지만, 반복과 기회로 인해서도 중독 행동이 생겨날 수 있다. 특히 방종을 부추기는 환경에서는 더욱 가능성이 높다. 문제성 마약과 알코올 사용은 특정 지역 사회에서 발생 가능성이 더 높은 것으로 보이며 극심하게 가난하거나, 일부 이민 사회, 토착민 집단에서 흔하게 보인다. 그렇다면 더 중독이 되기 쉬운 집단이 있다는 의미일까? 호주의 토착민 집단은 나머지 국민에 비해 알코올 중독 비율이 두 배이다. 이것은 단지 유전자가 달라 중독에 더 취약한 탓일까? 내 희망 사항이지만 이 시점쯤이면 분명하게 '아니다'가 답임을 알 것이다.

집단별로 알코올이 대사되는 방식에 유전적 차이가 있기는 하다. 일부 동아시아 사람들은 소량의 알코올에도 극히 민감하여 '홍조 증후군'이라고 알려진 증상이 나타난다. 이는 알코올에 대한 알레르기 반응과 비슷하여 메슥거림, 두통, 발한, 빈맥, 홍조 등 온갖 증상을 초래한다. 이러한 유전적 취약성이 있는 사람들은 취하면 기분이 나빠지기 때문에 알코올을 피하는 경향이 있는데, 주변의 압력이 종종 더 압도적이라서 친구들과 술을 마시며 증상 완화를 위해 음주 전 항抗히스타민제를 복용하는 사례도 있다. 알코올성 홍조 반응은 두 가지 유전자 돌연변이로 인해 생긴다. 하나는 알코올이 아세트알데하이드 대사 물질로 너무 빨리 분해되어 생기기도 하고 너무 느리게 분해되어 생기기도 한다. 이런 사실은 불편한 반응에도 불구하고 계속 술을 마시는 사람들에게 위험한 소식이다. 알데하이드는 알코올보다 훨씬 더 독성이 강해서 이런 돌연변이를 가진 사람은 다른 사람에 비해 식도암을 비롯한 소화기 관련 문제를 일으킬 가능성이 높기 때문이다(브룩스 외, 2009). 이는 사회적, 문화적 요인이 개인의 알코올을 피해야 하는 유전적 성향보다 크게 작용하는 경우에 관한 불행한 사례이다.

그러나 이들 토착민들에게는 중독 행동의 높은 빈도를 설명할 유전적 취약성이 없다. 유럽인들이 오기 전 뉴질랜드의 마오리족은 알코올을 입에 대지도 않았고 호주 토착민들은 제한적으로 사용했다. 유럽 식민주의자들이 호주 대륙에 도착하여 효과적으로 알코올을 소개한 후 토착민들의 알코올 사용 비율은 식민주의자들에게서 나타나는 알코올 사용 비율과 비슷한 수준으로 높아졌다(새거스와 그레이, 1998). 토지 몰수, 질병, 다른 부족과 함께 보호 구역으로 강제 이주, 사회적 고립, 트라우마, 가난과 인종 차별은 토착민의 사회적 관계와 문화의 많은 부분을 파괴했을 뿐 아니라, 지나친 알코올 섭취에도 기여했다. '빼앗긴 세대', 즉 어린 시절 법에 의해 가족에게서 강제로 분리된 토착민들은 해로울 정도로 알코올과 약물을 사용할 가능성이 두 배나 높았다(주브릭 외, 2004). 토착민들이 겪은 깊은 상실감과 문화적 정체성의 해체와 파괴는 커다란 공허감을 남겨 종종 알코올과 마약으로 채워졌다. 이로 인해 다음 세대도 역시 트라우마를 간직한 채 성장했을 가능성이 높다. 모든 토착민이 다 그렇지는 않지만 토착민 집단에서 정신 건강 문제, 자살, 신체적, 사회적 문제가 발생하는 비율이 다른 집단보다 높게 나타난다. 문화적 전통을 보존 및 복원하고, 건강과 교육 같은 서비스를 통제할 수 있는 공동체는 자살과 정신 건강 문제 비율이 낮게 나타났고 중독 행동에서 회복되는 비율이 높았다(챈들러와 라롱드, 2008).

우리의 스트레스 반응 체계는 수천 년 전의 신체적, 사회적 위협에 대응하도록 프로그램되어 있는데 현대 사회에서 우리가 받는 위협은 복잡하고 미묘하다. 토착민 집단을 떠나 영국의 가난한 지역 사회로 이주한다 해도, 목적의 상실, 공동체의 서사와 전통의 상실, 실직과 강제 이주로 인한 상실감은 여전하다. 전 세계적으로 비슷한 문제를 겪는 사람들이 있으며, 이러한 사람들은 "사회에서 내쫓겨, 주인 의식이 없고, 사회의 경제 체제 안에서 구성원들에게 두려움만 끼치며 아무런 적극적인 역할을 하지 못한다(스탠딩, 2015, p. 2)." 이 이야기가 약간 과장되게 들릴 수도 있지만 연구에 의하면 사회의 계층 사다리에서 밑바닥에 놓이는 것이 우리의 스트레스 반응 체계를 촉발하며 이런 상태가 너무 오래 지속되면 신체적, 정신적 건강에 혹독한 부작용이 생긴다(마모트, 2006). 가장 높은 수준의 스트레스는 삶의 통제력과 자율성이 가장 낮을 때 생겨난다. 즉, 우리의 스트레스 시스템은 사회 시스템에 영향을 받는다.

우리는 평등하게 태어나지 않았다

중독 행동, 특히 약물과 알코올 중독으로 인한 파괴적 효과는 공평하게 분배되지 않는다. 전 세계적으로 사회 경제적 스펙트럼에서 최하위 계층 사람들은 높은 계층보다 알코올 소비가 적고 실제로도 음주를 더 자제하는 경향이 있지만, 간 질환이나 조기 사망처럼 건강상 부작용을 더 많이 겪는다(세계 보건 기구, 2014). 영국에서는 경제 사정이 나쁠수록 알코올 관련 질병으로 사망할 확률이 높았는데 특히 남자, 그리고 스코틀랜드 지역에서 높게 나타났다(스코틀랜드 정부, 2008). 일반적으로 약물 사용은 빈곤 지역에 살수록 높아지는 경향이 있지만 A등급 마약(영국 마약 정책에서 더 위험도가 높다고 규정된 마약으로 헤로인, 메타돈, 코카인, 엑스터시, LSD, 마법의 버섯인 실로시빈이 포함된다) 사용은 다양한 사회경제적 집단에서 매우 균등하게 나타난다(영국 내무부, 2015). 가장 문제가 되는 것은 약물 사용으로 인한 결과이다. 빈곤한 환경 출신이 마약을 한다면, 문제가 커질 가능성이 더 높다. 더 큰 위험을 감수하고(마약을 주사로 사용하는 것처럼), 더 어린 나이에 시작하며, 더 많이 범죄 혐의에 연루되고(기억하겠지만 가난하고 백인이 아니면 같은 수준으로 사용하여도, 마약 관련 범죄 혐의로 기소될 확률이 더 높다), 마약 사용의 결과로 더 심한 건강과 사회적 부작용을 겪을 가능성이 높다(갈리와 블라코브, 2002). 일부 지역 사회에서는 문제성 마약 사용이 불가피하고 고착화된 것처럼 보인다. 빈곤한 환경에서 성장하는 것도 뇌 발달에 영향을 미치는 것으로 나타났는데, 어린이들이 복잡한 언어와 다양한 활동에 덜 노출되기 때문으로 보인다. 아동기에 가난에 노출되는 것은 발달이 지연될 수 있는 심각한 위험 요인으로 지적된다. 이번 장에서 살펴본 다른 위험 요인의 경우와 마찬가지로 이런 위험은 양육과 관심을 기울여 보살피는 것으로 줄어들 수 있다(루비 외, 2013).

왜 빈곤한 지역 사회에서 문제성 약물을 더 많이 사용할까? 박탈감과 함께 실직 또는 불안한 고용 상황의 위협, 불안정한 주거 문제, 취약한 가족 건강, 음식과 난방 문제 등이 이유이다. 스트레스 수준으로 인해 원하는 만큼 자녀를 제대로 양육하고 관심을 줄 수 없다는 것을 아는 것도 약물 사용을 부추긴다. 여기에 가난할 수밖에 없는 사람들을 낙인찍는 것으로 인한 압력까지 더해진다. 이는 정치적으로 주도된 언론 캠페인에 잘 나타나 있으며, 복지 혜택을 받는 사람들을 공격한다. 이러한 캠페인은 혜택을 받을 '자격 없는' 빈곤층과 '자격 있는' 빈곤층이라는 빅토리아 시대의 개념을 부활시켰다. 압박이 증가할 때마다 우리의 위협 대응 반응은 반사 시스템을 차단하고 좀 더 즉각적으로 움직이게 만든다. 그 결과 더 많은 결정을 압박 속에서 내리게 되고 '그냥 되는대로 하자'식 접근법을 택하게 되는데, 주로 선택의 여지가 별로 없는 사람이 이런 대응 전략을 취한다. 생각하지도 않고, 계획을 세우지도 않으며, 그저 하루하루 살아 나갈 때는 창의적으로 생각하기 어렵다. 이러한 일이 전체 지역 사회에 발생할 때 사회 구성원들은 전체적으로 고통을 겪는다. 브루스 페리와 마이아 살라비츠는 전쟁이나 압제 같은 큰 트라우마를 견디고 있는 사회는 번성할 수 없다고 지적한다. "아이들이 성장하며 부모와 직계 가족이 제공한 발달 환경을 반영하는 것처럼 사회 구성원들의 독창성, 창의력, 생산성은 그 사회의 발달 환경을 반영하기 때문"이다(살라비츠와 페리, 2010, p. 117). 영국 전역에서 추진된 1980년대의 탈 산업화 정책으로 전 지역사회가 실업에 직면했는데, 당시 마약 유통이 극적으로 증가했다. 이러한 현상으로 인해 많은 지역 사회에 아직도 극복하지 못한 악재가 만들어졌다(포스터, 2000).

'쥐 놀이공원' 실험이 있은 지 30년이 지난 후 브루스 알렉산더는 보고서를 발표했다. 이 보고서에서는 자유 시장 경제와 자본주의로 인해 촉발된 소외감과 개인주의에 대한 반응으로 어떻게 중독이 확산되는지를 다룬다. 자유 시장 경제와 자본주의는 사회적 자본과 신뢰할 수 있고 서로 연결된 사회 네트워크의 가치보다 이익과 성장을 우선시한다. 알렉산더는 문화적, 사회적 유대감의 파괴가 우리의 '사회 심리적 통합'을 손상시켰고 사람들을 무력하고 단절되도록 만들었다는 설득력 있는 주장을 펼쳤다. 이러한 사회적 연결의 부재는 채워지지 못한 욕구의 공백으로 이어진다. 광고 회사와 소매업 조직은 이러한 빈 공간에 이미지와 상품, 브랜드를 쉴 새 없이 쏟아붓는다. 소비주의는 중독을 사랑한다. 우리는 점점 더 많이 필요하고, 더 많이 가져야 하며, 현재 가진 것으로는 절대 만족하지 못한다. 중독 자체가 사회를 해체시키고 가족에게 피해를 주며 문제를 지속시킨다고 주장할 수도 있다. 하지만 사회 전체로 확산되는 중독에 관한 역사적 기록을 보면, 중독은 어떤 단일 이유보다는 사회적 영향력 상실과 소외감의 결과로 생긴다는 흥미진진한 반대 주장을 찾을 수 있다(알렉산더, 2008; 하트, 2013b).

치료 서비스를 통한 다리 놓기

그렇다면 어떻게 사회 통합과 회복을 추구하는 지역 사회를 건설할 수 있을까? 여러 분야에 걸친 연구에 따르면 사회 내의 사회적 네트워크가 강하면 강할수록 사회가 더 회복 탄력성이 크다는 결론이 나왔다. 빈부 격차가 적은 나라일수록 (경제적으로 가장 평등한) 결속력이 크다.[2] 이 사실은 비단 중독 행동과 관련해서 만이 아니라 여러 분야에서 커다란 영향을 미칠 수 있는 결과이다. 사회는 회복이 일어날 수 있는 전후 상황을 만들어 낸다. 만약 사회가 중독자를 '별개'의 '타자他者'로 보고 하찮은 존재로 몰아가면 낙인이 찍힌 사람들의 선택 가능성을 줄임으로써 문제를 악화시키고 고착화할 뿐이다. 전체 인구를 대상으로 중독을 줄이고 예방하려면 사회 전체를 아우르는 변화가 필요하다. 이런 변화는 부분적으로는 좀 더 평등한 사회가 모두가 더 잘 살 수 있는 사회라는 인식을 통해서 가능하다. 덜 평등한 사회는 덜 안정적이다. 사회 스펙트럼의 양극단에 있는 사람들이 점점 더 서로의 공통분모를 찾기 어려워지고 공감과 '우리 모두 함께'라는 의식이 줄어들기 때문이다. 신뢰가 손상됨에 따라 우리는 점점 더 단절되고 파편화된다. 부자는 가난한 사람들을 '게으른 거지'로 보고, 가난한 사람들은 부자를 '자신들이 다가갈 수 없는 엘리트들'로 보고 이들이 사회 시스템을 조작한다고 생각한다. 시스템이 조작되었는데 굳이 왜 투표를 할까? 왜 사회 규칙을 준수해야 할까? 리처드 윌킨슨과 케이트 피켓의 연구에서는 부유하지만 평등하지 않은 나라는 좀 덜 부유하지만 좀 더 평등한 나라보다 모든 면에서 뒤진다는 것을 보여 주었다. 소득 불균형이 커질수록 범죄, 부패, 부족 중심주의가 증가하고 신체적 건강, 정신 건강, 삶의 만족도는 낮아진다. 계층 사다리의 바닥에 있는 사람들에게만 해당되는 이야기를 하는 것이 아니다. 이는 우리 모두가 살고 싶어 하는 사회에 관한 이야기이다. 또한 약물과 알코올에만 관련 있는 이야기도 아니다. 사회경제적 스펙트럼의 상층에서 나타나는 중독, 즉 돈, 권력, 끝없는 경제 성장에 대한 중독이 빈부 격차를 기하급수적으로 넓히고 있으며 앞서 설명한 사회적 문제들을 복잡하게 만들고 있다.

하룻밤 사이에 사회를 바꿀 수는 없지만 개인과 지역 공동체의 연결을 어떻게 이루어 낼 수 있을까? 답은 이번 장 처음에서 논의한 부분에 나와 있다. 즉 구성원들이 함께 모여 공통의 서사를 만들어 가는 공동체에서 비롯된 희망과 결의에 그 답이 있다. 12단계 동료 모임, 동료 지원 그룹, 범세계적 회복 공동체들이 이러한 공동체의 예이다. 이 집단은 구성원들에게 공통의 정체성과 소속감을 발전시키는 발판을 제공하는 동시에 사회적 연결을 통해 단절의 위험을 줄이고 성장과 발전을 가능하게 해 준다. 이것이 바로 배고픈 유령에게 영양을 공급하는 강한 지역 사회다.

심리적, 사회적, 의학적 치료 서비스가 뒷받침되어 좀 더 강력한 지역 사회를 만들 수도 있다. 하지만 이러한 서비스의 진짜 목적은 사람들 스스로 유익하고 건강한 관계를 만들어 내도록 돕는 것이다. 이러한 관계야말로 우리에게 매우 중요한 스트레스 완화 시스템을 제공한다. 치료 서비스 대부분이 개인에 초점이 맞춰져 있기는 하지만 최근에는 회복 운동이 여러 치료 시스템 전반을 휩쓸고 있다. 따라서 치료 서비스가 열린 마음으로 가교 역할을 해 자신감을 가지고 사람들에게 영감을 주는, 회복 중인 사람들로 이루어진 공동체와 교류할 수 있게 해야 한다는 요구가 나오고 있다. 그들이 말하듯이 회복은 전염된다. 또한 회복 공동체와 치료 서비스 사이에는 균형이 필요하다. 그래야만 다양한 실제 경험과 '나에게 효과 있는 방법'이 치료 시스템의 증거 및 연구와 '다수에게 효과 있는 방법'과 통합될 (그리고 혼동되지 않고) 수 있다. 약물과 알코올 중독의 경우에는 이러한 일이 가능하려면 개인적 발달의 여러 단계와 개인의 책임에서 공공 정책에 이르기까지 여러 사회적 차원에서 개입이 이루어져야 한다.

06

중독과의 전쟁 대신 사랑과 이해를

이 책 초반에서 살펴본 대로 중독이란 부정적인 결과를 낳는데도 불구하고 강박적인 행동을 계속하는 것으로 정의할 수 있다. 또한 금지에 기반한 마약 정책은 인종 차별주의 역사와 소외 정책에서 발생한 것으로, 소수 민족 출신인 사람들과 사회 경제적 지위가 낮은 사람들을 적극적으로 찾아내 불공평하게 처벌하는 방식이라는 것도 살펴보았다. 처벌이 효과가 없다면 그럼 무엇을 해야 할까? 어떻게 하면 개인의 자유를 침해하지 않으면서 어느 정도 통제할 수 있을까?

마약 정책을 이야기할 때면 필연적으로 비 범죄화와 합법화의 문제에 부딪히게 된다. 이와 관련해서는 완전 금지에서 완전 합법화에 이르기까지 선택 가능한 범위 내의 여러 접근법이 있으며, 그 중간인 회색 지대에 여러 선택지가 존재한다. 이에 관한 주장은 순식간에 양극화되고 감정적이 된다. 너무나 많은 사람들이 사랑하는 가족을 중독으로 잃었고, 현재 대부분의 서구권 국가에서 알코올이 유통되는 방식대로 아이들이 마약에 노출될까 두려워한다. 알코올 사용은 중독 가능성이 있는 물질이 합법화되어 어디서나 구할 수 있을 때 발생할 수 있는 문제들의 예시로 조명되는데, 사실 그럴 만하다. 세계 보건 기구는 전 세계 질병과 부상의 5% 이상이 알코올의 책임이라고 말한다(세계 보건 기구, 2014). 데이비드 너트 교수가 마약에 관한 독립 위원회independent scientific committee on drugs, ISCD(영국에 본부를 둔 자문 위원회) 위원들과 함께 영국에서 기분 전환용 약물의 상대적 피해를 평가했다. 이 결과 사용자 개인, 타인, 사회에 미치는 피해를 감안하면 알코올이 가장 큰 피해를 주는 물질로 나타났다(너트 외, 2010). 흥미롭게도 너트 교수가 이 그룹에 초빙된 것은 당시 내무부 장관 앨런 존슨이 너트 교수를 영국 정부가 지원하는 마약 남용 자문 위원회의 의장 자리에서 해임한 직후였다. 해임 이유는 너트 교수가 대마초, 엑스터시, LSD가 오히려 담배와 알코올보다 피해가 적다고 발언한 것이었다. 독립 위원회의 조언이 아직도 논란의 여지가 있는 것처럼 보이기는 하지만 신뢰할 만한 마약과 알코올 전략을 수립하려면 위원회의 증거가 필수적이다.

약물 금지는 효과적 대책인가?

만약 알코올이 가장 해로운 약물인데도 완전히 합법이라면 다른 약물의 합법화는 어떻게 고려해 보아야 할까? 1장에서 언급한 대로 우리에게는 알코올 금지와 관련한 모델이 있으며 1919년에서 1933년까지 미국에서 시행된 금주정책은 우리에게 무슨 일이 일어났는지를 보여 준다. 이 모델은 부분적으로는 성공이었다. 사회의 일부 지역에서 알코올에 대한 접근과 구할 수 있는 가능성이 줄어들자 알코올 섭취는 줄어들었고, 알코올로 인한 간 질환과 사망도 함께 감소했다. 그러나 이런 얼마 안 되는 소득은 엄청난 사회적 비용에 묻혀 버렸다. 많은 사람들은 금주를 원하지 않았다. (고고학 기록에 의하면 인류는 1만 2000년 전인 석기 시대 이후로 음료를 발효시켜 먹었다.) 그리고 이런 욕구가 남긴 공허함은 범죄 조직의 등장으로 신속히 채워졌다. 금주법이 시행되는 동안 미국의 살인율은 두 배로 뛰었다가 금주법 폐지 이후 급격히 떨어졌다(미론, 1999). 범죄와 투옥 비율도 모두 증가하였다. 또한 알코올 금지로 인해 범죄 조직이 시장에 내놓은 알코올은 확실히 도수가 더 높았는데, 알코올을 적은 부피로 수송하는 것이 비용 효율이 높았기 때문이다. 그렇게 하면 들인 노력에 비해 큰 결과를 얻을 수 있었다. 또한 그 결과 음주가 훨씬 더 위험한 일이 되었다. 자신이 어떤 술을 마시는지 알 수 없었고, 금주법 시행 기간 동안 알코올 중독도 만연했기 때문이다.

이러한 금지의 사회적 비용 중 많은 예를 지금의 '마약과의 전쟁'에서도 볼 수 있다. 이는 기자이자 작가인 요한 하리가 저서 『비명을 좇아서』에서 묘사한 바 있다. 마약 제조와 판매는 줄어들 조짐을 보이지 않고, 유럽의 다양한 마약 유형과 소비 연령층을 살펴볼 때 마약 소비에도 눈에 띄는 영향을 주지 못했다. 대마초와 코카인 소비는 오르락 내리락하고, 엑스터시는 증가 추세이며, 암페타민 소비는 꾸준하다. 또한 새로운 향정신성 약물의 소비는 아직 낮은 수준이지만 점점 더 많은 문제를 일으키고 있으며, 특히 취약 계층을 중심으로 사용되고 있다(유럽 마약 감시 센터, 2017a). 마약 금지의 목적이 소비를 줄이고 마약 구입을 제한하려는 것이라면 효과를 보지 못하고 있는 것이다. 알코올처럼 마약 금지 정책도 사용자들을 더 위험에 처하게 만든다. 마약의 성분을 검증할 시설이 없다면 불법으로 거래된 마약에 무엇이 들었는지 확인할 수 없기 때문이다. 실제로 불법 마약은 이윤을 더 남기고, 불안정한 공급망을 관리하기 위해 불순물을 혼합하는 경우가 매우 흔하다. 또한 사용자가 불법 마약의 효능을 테스트하는 것도 불가능한데, 불법 마약의 균일하지 못한 함량은 치명적일 수 있다. 습관적인 마약 사용자들은 평상시의 용량을 계속 사용하는 경향이 있으므로 구입한 마약이 고함량일 경우 의도치 않게 과용할 위험에 처한다. 유럽에서 마약으로 인한 입원 환자수와 마약 관련 사망자수는 계속 증가해 왔다(유럽 마약 감시 센터, 2017a). 이는 꼭 중독 때문만은 아니고, 일반적인 마약 사용으로 인한 경우 역시 포함한 수치이다. 통계에 의하면 이러한 과용은 대부분 우연하게 발생했다. 이러한 통계 안에는 엄청난 고통이 담겨 있다. 각각의 사망자는 한 가족의 구성원이고 남겨진 이들은 마약 관련 사망 사고로 인한 슬픔과 혼란을 인정하기가 힘들다. 마약 사용을 둘러싼 낙인이 여전하기 때문이기도 하다. 마약 금지 정책의 목적이 마약 관련 피해를 줄이는 것이라면 현재의 마약 금지 정책은 아무런 효과가 없다.

마약 금지와 마약과의 전쟁에는 마약 관련 범죄에 중형을 선고하는 법이 수반되었다. 대규모 범죄 조직의 마약 판매와 생산에 초점을 맞춘다면 이러한 법이 말이 되지만, 소규모로 소지하고 사용하는 경우에는 합리적이지 않다. 경제학자 제프리 마이론은 범죄 조직이 법에 호소해서는 분쟁을 해결할 수 없기 때문에 폭력을 사용한다는 당연한 사실을 지적했다(마이론, 1999). 어떤 형태의 상거래가 금지되었는데 지속적으로 수요가 있다면 이러한 상거래는 폭력적 수단을 통해 규제될 것이다. 그리고 이로 인해 사회에 파급 효과가 확산되므로 단속의 명백한 목표가 된다. 그러나 개인적 마약 사용과 소지에 대한 형사 처벌은 어떨까?

전 세계적으로 마약 소지 혐의는 전체 마약 관련 범죄의 83%를 차지한다(유엔 마약 범죄 사무소, 2015). 이러한 범법 행위를 처벌하는 것이 마약 피해를 줄이거나 해로운 마약 사용을 줄일까? 사실 결과는 정반대다. 기껏해야 마약 사용으로 투옥된 사람과 사회봉사 처분을 받은 사람 사이에 마약 재범률 차이는 보이지 않거나, 최악의 경우에는 금고형을 받았던 사람들의 범죄 행위가 증가할 수 있다(빌레타즈 외, 2014). 이는 특히 성인 시설에 수감되었던 어린 범죄자의 경우에 해당된다. 어린 사람들이 자신의 정체성을 공고히 하기 위해 주변 집단의 방식을 따라 한다는 사실은 이미 잘 알려져 있으므로 놀라운 일은 아니다(람비와 랜들, 2013). 또한 마약 양형 기준의 강도와 마약 사용 비율 사이에는 아무런 관계가 없었다(영국 내무부, 2014). 감옥은 회복 자산을 증가시키지 않는다. 오히려 그 정반대의 효과를 내는데, 감옥에 가지 않았다면 가질 수 있었을 긍정적 사회관계, 교육, 실업, 안전한 주거지를 차단하기 때문이다. 또한 고립과 소외를 심화시킨다. 게다가 석방 후 몇 주는 마약 남용으로 빠질 수 있는 가장 위험한 시기이다. 예전의 중독 행동의 신호들에 갑자기 둘러싸이게 되는 데다 마약에 저항할 수 있는 인내심이 특히 낮아져 있는 때이기 때문이다. 그러므로 마약 금지와 중형을 선고하는 관련 법들이 마약 사용을 줄이는 것이 목적이라면, 전혀 효과를 보지 못하고 있다.

금지 정책이 효과가 없다면, 그 대안은?

우리가 약물의 비 범죄화나 합법화를 고려할 때 알코올을 예로 들기는 어렵다. 알코올은 명백한 피해를 야기하기 때문이다. 그러나 약물을 책임감 있게 합법화할 수 있는 방법에 관한 사례가 알코올에 해당될 수 없는 실제 이유는, 주류 산업을 규제하려는 시도가 이를 막으려는 심각한 로비에 부딪히기 때문이다. 알코올에 단위당 최저 단가를 도입하려던 스코틀랜드의 시도(일련의 조치 중 하나로 사용되어 알코올에 대한 접근을 줄일 수 있다고 여겨짐)는 2012년 내각에 의해 통과되었으나, 2017년까지도 시행되지 못하고 있다. 스코틀랜드 위스키 협회가 그 정책이 효과가 없을뿐더러 주류 산업에 피해를 준다고 주장하며 제기한 소송이 현재도 진행 중이기 때문이다. 완전 금지와 최소 규제에 따른 합법화가 모두 이상적이지 않다면 타협점은 무엇인가? 합법적이지만 매우 중독성이 강한 약물 한 가지를 예로 들 수 있는데, 이 물질에 대한 규제가 최근 몇십 년간 눈에 띄게 증가했으며 흥미로운 결과를 보여 주고 있다.

여러분이 만약 1960년대나 1970년대에 성장했다면 기차에 별도로 흡연 칸이 있었고, 비행기에도 흡연석이 있었고, 담배 광고를 어디에서나 볼 수 있고, TV 쇼나 영화에서 흡연이 멋있는 습관처럼 그려졌던 것을 기억할 것이다. 다시 현재로 돌아오면, 담배 광고는 금지되고, 담배에 무거운 세금을 물리고, 담뱃갑에는 경고와 건강에 미치는 위험을 경고하는 끔찍한 그래픽 이미지가 붙어 있다. 공공장소에서는 금연해야 하며, 담배 회사들은 폐암 환자들에게 배상해야 하는 동시에 담배로 인해 생긴 질병 치료를 위해 비용을 지불해야 한다. 담배 회사들이 흡연의 부작용을 잘 알고도 수십 년간 은폐해 왔다는 것을 보여 주는 내부 고발이 있다(미국 고혈압 학회, 2017). '담배와의 전쟁'은 지금도 진행 중이지만 이미 많은 승리를 거두었다. 영국에서는 1980년대 이후로 흡연율이 절반으로 줄었으며 현재 전체 인구 대비 약 16% 수준을 유지하고 있다(미국 종양 간호학회,

2016). 흡연은 전 세계적으로 꾸준히 감소하는 추세이다. 또한 금연 캠페인과 금연 클리닉을 위한 지원(과 기금 조성) 증가도 긍정적인 효과가 있는 것으로 나타났다(볼드 외, 2009). 이러한 접근법이 음성적인 마약에도 효과가 있을까?

'마약과의 전쟁' 실패와 막대한 개인적, 사회적 비용을 인식하면서 전 세계 국가들은 수감 대신 치료와 재활을 장려하고 마약을 범죄에서 제외시키는 실험을 시작했다. 이 단계를 밟은 첫 국가는 포르투갈로, 2001년에 모든 마약을 범죄에서 제외했으며 마약의 제조와 공급은 불법으로 남겨두되, 개인의 마약 소지를 모두 처벌하지 않도록 했다(개인 사용을 목적으로 한 10일 사용분까지 소지 허용으로 규정). 문제성 마약의 사용과 중독에 대한 사회, 건강 측면에서의 대응을 확장하기 위해 많은 기금이 조성되었다. 특히 포르투갈 정부도 전 마약 중독자들이 일 년간의 치료를 마치고 직장에 복귀하거나 주류의 삶에 다시 합류하는 것을 돕기 위해 보조금을 지급하기로 동의했다. 그 결과 16년 후 무슨 일이 일어났을까? 마약 사용이 폭발적으로 늘었을까? 실제로 2001년에서 2007년 사이 마약 사용은 큰 변화가 없었고 위험성이 가장 높은 시기인 15세에서 24세 집단에서 마약 사용이 감소했다. 주사제로 맞는 마약은 절반으로 줄었고 과용도 눈에 띄게 감소했는데, 이 원인은 부분적으로 마약 사용을 둘러싼 사회의 낙인이 줄고 마약 치료와 피해 감소 서비스를 더 쉽게 이용할 수 있었기 때문으로 생각된다.

이러한 개혁에 관하여 상충되는 보고가 있지만 통계 수치를 면밀히 분석해 보았을 때 "증거를 바탕으로 한 결론들은 개혁이 성공적이라는 충분한 조짐을 보여 준다(스티븐스와 휴즈, 2012, p. 12)." 이는 비 범죄화로 인한 결과만은 아니며 개혁에 관한 보고서에서는 사회 정책과 그 정책에 수반되는 복지 변화의 중요성을 강조했다. 또한 우리는 마약으로 인한 벌이 혹독하든 너그럽든 마약 사용과는 거의 관계가 없다는 것을 알고 있다. 포르투갈의 마약 및 마약 중독 연구소 자오 가울라오 소장은 "가장 큰 효과는 마약 중독에 대한 낙인을 없앤 것, 즉 사람들이 분명히 말할 수 있고 두려움 없이 전문적 도움을 받을 수 있게 한 것"이라고 말했다(호크스, 2011). 해당 국가들은 인식을 변화시켜 마약 사용자들이 '나쁜' 것이 아니라 지원이 필요한 (그리고 지원을 받을 자격이 있는) 것이라는 여론을 형성하는 데 성공했다. 전 세계적으로 약 20개국이 좀 더 개방적인 방향으로 움직이는 중이고 그중 많은 나라가 대마초 사용을 범법 행위에서 제외했다. 늘어난 치료 접근성, 일할 기회, 낙인의 감소 이 모든 것이 변화를 이뤄 내고 유지할 수 있는 회복 자산을 증가시킨다. 그리고 이러한 지표들이 성장하고 누군가의 삶을 뒷받침하면서 약물에 대한 욕구가 줄어든다. 좀 더 따뜻하게 배려하고 건강에 중점을 둔 마약 정책으로 전환이 이루어지고 이러한 전환의 효과를 입증하는 증거가 늘어나면서, 세계 보건 기구와 유엔은 2017년 6월 징벌적 마약 정책을 차별의 영역으로 분류하는 공동 성명을 발표하기에 이르렀다. 두 국제기구는 여러 국가들에 차별을 줄이도록 촉구했다. 이러한 차별 감소는 "부정적 건강 결과를 초래한다고 증명되었고, 이미 확립된 공중 보건 분야의 증거에 반하는 징벌적인 법을 검토하고 폐지하는 것으로 가능하다. 이러한 조치에는 개인 사용 목적의 마약 사용이나 소지를…… 범죄화하거나 금지하는 법률을 포함한다(세계 보건 기구/유엔, 2017)."

몇몇 나라는 마약 사용을 범죄에서 제외시키는 것에서 훨씬 더 나아가기도 했다. 대마초는 여러 나라에서 합법화되었는데 여기에는 우루과이와 미국의 30개 주가 포함되고 대부분이 의료용 소비가 허용되었다. 하지만 이후에도 대마초 사용은 급증하지 않았으며 사용량에 변화가 없는 것으로 추산된다. 대마초 사용으로 인한 체포와 재판 수는 줄어들었고 판매와 세금으로 인한 수익은 수백만 달러에 이른다(유엔 마약 범죄 사무소, 2016). 이러한 움직임은 논란의 여지가 있으며 다른 중독성 약물을 합법화하는 데는 아직도 저항이 있다. 마약을 끔찍하고 무서운 약물로 보는 이야기가 여전히 우세하기 때문에 공포에서 벗어나 합리적인 접근을 하기가 어렵다. 그러나 충분히 이해할 만한 일이기는 하다. 우리는 지금까지 마약 사용과 중독으로 인한 최악의 부작용만 보아 왔다. 마약 사용에 대한 언론의 초점이 전체의 10%에 해당하는 문제성 사례와 그 결과에만 맞춰져 있기 때문이다. 이런 이유로 우리가 공정하고 합리적인 관점에서 모든 약물의 합법화를 바라보려 노력할 때, 미국의 아편 처방 확산이나 호주의 '얼음 마약(결정화된 메타 암페타민, 정제된 형태의 메타 암페타민)' 대유행을 떠올리고는 대재앙이 몰려올까 두려워하게 된다.

마약의 합법화가 정말 좋은 생각인가?

마약 거래의 엄격한 규제를 추구하는 국제적 싱크 탱크인 약물 정책 개혁 재단transform drug policy foundation, TDPF은 합법화가 모든 약물을 규제할 수 있는 효과적 시스템을 확립하는 방법이라고 생각하며 이로 인해 마약 관련 피해가 줄어든 증거를 제시한다(약물 정책 개혁 재단, 2009). 이것이 정말 가능할까? 이러한 정책이 더 많은 사람들을 위험에 빠뜨리고 '사용해도 좋다'는 메시지만 전달하게 되는 것은 아닐까? 수십 년에 걸쳐 모인 증거들은 합법화보다 금지가 더 위험하다는 사실을 보여 준다. 그러나 여기서 말하는 합법화는 특정 약물이 어떻게, 어디서 사용될 수 있는지에 관한 적절한 규제가 있어야 한다는 조건이 따른다. 약물을 합법화하면 더 많은 사람들이 사용하게 될 것이라고 걱정하지만 이것은 진전을 가로막는 잘못된 생각이다. 알코올 금지 정책이 사람들을 더 높은 도수의 술에 노출시켰듯, 마약 금지도 더 강한 약물에 더 많이 노출되도록 만든다. 합법화에 바라는 것은 어차피 계속 약물을 사용할 사람이라면 알코올을 섭취하던 사람이 대마초 사용으로 옮겨 가는 것처럼 덜 해로운 약물을 사용하게 하는 것이다. 이러한 내용에 관한 초기 연구들은 서로 엇갈리는 결과를 보인다. 합법화 이후 알코올의 대안으로 대마초를 선호한다는 증거와, 자유주의 정책이 알코올과 대마초 사용 모두를 증가시켰다는 증거, 아무런 영향을 미치지 못했다는 연구 결과 등이 뒤섞여 나타난다(구트마노바 외, 2016). 그러나 문제성 마약 사용과 중독이 실질적으로 줄어들 것이라고 보는 편이 타당하다. 약물 사용이 범죄화되지 않으면 마약 사용자에게 도움을 주는 것이 최선이라는 인식이 사회 전체에 분명해질 것이다. 이렇게 되면 낙인이 줄고 편견 없이 도움을 받기가 더 쉽기 때문에 자신의 약물 사용에 문제가 있다고 느끼는 사람들이 좀 더 일찍 자신의 상태를 밝힐 수 있을 것이다.

지금은 고인이 된 작가이자 마약 전쟁 분석가인 찰스 보우든은 현대에서 마약과의 전쟁이 벌어지고 있다고 지적하며 이 전쟁에서는 약물과 약물 사용자가 적이라고 말했다. 또한 마약을 위한 전쟁도 벌어지고 있는데 이 전쟁은 마약 거래를 장악하려는 범죄 조직 사이의 폭력적인 줄다리기라고 주장했다(보우든, 2011). 합법화는 마약 거래를 범죄 조직의 손아귀에서 말끔하게 떼어 낸다. 따라서 거래 협정이 폭력보다는 협상을 통해 이루어진다는 의미이다. 1991년의 인터뷰에서 경제학자 밀턴 프리드먼은 마약 금지로 인해 연간 1만 건의 살인이 일어난다고 추산했다(트레벡 외, 1992). 프리드먼은 알코올과 담배가 규제되는 방식으로 마약이 규제되는 것을 선호한다고 밝혔지만, 그 인터뷰가 있은 지 26년 후, 약물 정책 개혁 재단은 제약 없는 자유로운 마약 거래가 해로우며 최소한의 규제만 이루어지는 알코올로 인한 결과들이 이를 증명한다고 지적했다. 이 재단의 권고 사항은 약물의 상대적 피해에 관한 평가에 기반해 나온 것이며 덜 해로운 약물을 포함한 법적으로 규제되는 시장의 확대, 의학 용도의 강력한 약물에 대한 잠정적 규제 확대라는 기본 틀을 갖추고 있다. 이는 다음의 그래프에 잘 나타나 있으며 그래프는 재단의 허가 아래 사용하였다(그림 6.1 참조).[3]

엄격한 규제 정책은 통제를 가능하게 한다. 현재 일부 지역에서는 젊은이들이 술보다 마약을 더 쉽게 구입할 수 있다. 이는 마약 거래상들이 신분증을 요구하지 않기 때문이다. 실제로 어떤 젊은이들은 쉽게 돈을 벌기 위해 친구들에게 마약을 제공하는 일에 연루될 수 있다. 특히 소득을

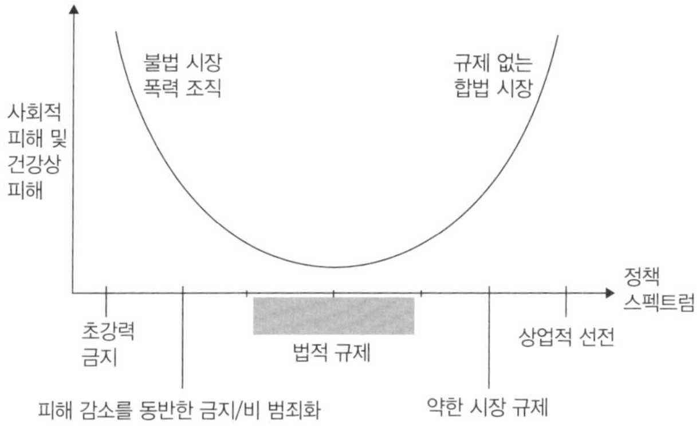

그림 6.1 가능한 정책 스펙트럼과 예상 효과

기대할 수 있는 다른 기회가 없을 때 이런 일이 생길 수 있다. 좀 더 많은 통제가 이루어진다면 광고 제한, 구매 제한, 나이 제한 등을 포함한 규제와 더불어 약물에 대한 '세트와 세팅'식의 규제를 보장할 수 있다. 또한 과용할 확률 역시 줄어든다. 사람들이 자신이 무엇을 사용하는지 알고, 그 약물이 지속적으로 공급되리라는 것도 알기 때문이다. 또한 이 정책은 의료 목적의 마약 사용 가능성을 열게 된다. 엄격한 금지 정책 아래서는 이러한 의료 목적 마약 사용이 더 어렵다. 기분 전환용으로는 불법인 많은 마약들이 의학적 용도로 가치가 높은데, 현재 병원에서 극심한 통증에 진

통제로 사용 중인 의료용 헤로인이나 디아모르핀이 이러한 예이다. 현재 진행 중인 흥미로운 연구에서는 엑스터시로 알려진 MDMA를 외상성 스트레스 장애 및 기타 정신건강 장애 치료에 심리 치료와 함께 사용하는 방안을 살펴보고 있다. 이는 신뢰와 공감의 감정을 증가시키는 엑스터시의 효능 때문이다(세사와 너트, 2015).

마약과의 전쟁이 끝나면 이러한 정책이 초래한 트라우마에 대해 '증언할' 기회가 생기며 이것이 보상과 치유로 가는 첫 단계이다. 또한 마약을 사악한 것으로 취급하는 관행이 줄어들고 마약 사용을 잠정적 피해나 위험을 야기할 수 있는 행동 범주로 분류할 수 있게 된다. 마약을 범죄시하면 마약 사용자를 '반사회적' 범주로 분류하여 '타자화'를 부추기고 때로는 그러한 덫에 갇히게 만든다. 그리고 우리가 가진 마약과 마약 사용에 관한 지식의 관점에서 보면, 누군가가 마약을 자기 파괴적인 방식으로 사용한다 해도 그러한 경향은 원래 마약의 속성이 아니라 마약, 환경, 특정 개인의 취약성이 결합하여 나타난 것이다. 브루스 알렉산더는 "사회 파괴적 사고에 광적으로 집착하는 것은 극심한 혼란에 적응하려는 필사적 노력일 수도 있다"고 말했다

(알렉산더, 2008, p. 241). 현대 사회에 만연한 여러 파괴적 사고가 이 경우에 해당되고 그중에서도 특히 마약과의 전쟁이 그 좋은 예이다. 우리의 두려움을 자극하는 마약의 특성도 마약과의 전쟁이 끈질기게 지속되는 데 일조했지만 사회 지배적 서사로서의 마약의 역할은 이제 곧 종지부를 찍으려 하고 있다.

그렇다면 그다음은?

따뜻한 마약 정책은 증거에 바탕을 둔 정책이며, 중독은 법으로 집행할 사안이기보다는 보건 분야와 사회 집단의 대응이 필요한, 개인의 근원적 욕구의 표시임을 인식한 결과이다. 마약 사용과 중독을 둘러싼 낙인을 줄이기 위한 선행조건은 합법화이다. 범법 행위라는 정의 자체가 사회의 거부감을 불러일으키기 때문이다. 중독으로 발전하는 방식에 대한 우리의 지식에 비추어 볼 때, 어느 모로 보나 중독 행동을 줄이려면 사회적, 의료적 보살핌을 제공하는 환경에 대한 투자가 필요하다. 한 발짝 뒤로 물러나 폭넓게 바라보면, 중독으로 발전하는 과정과 중독의 확산을 예방하는 데 도움이 될 몇 가지 논점이 있다. 이러한 논점들이 결코 완전한 목록을 구성하지는 못하지만 우리가 지금껏 논의한 것들의 연장선상에서 몇 가지 탐구할 거리를 제시하기 위해 포함하였다.

1. 중독 예방의 첫 단계는 영유아가 건강한 애착을 형성할 수 있도록 지원하는 것이다. 건강한 애착은 영유아가 부모, 특히 대부분의 경우 엄마의 양육, 보살핌과 관련한 관계에서 생겨난다. 이러한 양육을 제공하려면 어떤 가정들은 지원을 필요로 하며 이를 위한 많은 효과적 접근법이 개발되어 있다. 즉 엄마들이 아기의 욕구에 잘 반응하여 안정적인 애착을 형성하고 심리적 회복 탄력성을 발달시키도록 지원하는 것이다(예: 바알로우 외, 2008; 올즈 외, 1997).
2. 사춘기는 중독성 있는 약물을 접한 사람들에게 특히 위험한 시기이며 마약 및 알코올 치료 기관에서 치료받는 상당수 사람들이 사춘기 초기 혹은 그 이전에 약물을 시작한다. 마약 교육은 현실적이고 존중하는

방식으로 진행될 필요가 있으며 정보를 제공해 마약 사용에 관해 잘 알고 선택하는 능력을 키워 주어야 한다. 단순히 약에 대한 정보만 제공하는 것은 효과적이지 않으며, 마약 사용에 관한 비현실적 공포를 조장하는 언론 캠페인 역시 효과가 없다. 뿐만 아니라, 상황을 오히려 악화시키기까지 한다(영국 약물 정책 위원회, 2012).

3. 중독 행동에 빠지기 쉬운 성향을 가진 젊은이들에게 적용할 수 있는 전망이 밝은 개입 방법이 있다. '프리벤처Preventure'라고 부르는 이 접근법은 그러한 성향의 특성들을 파악하고 젊은이들이 자신의 행동을 관리하도록 돕기 위해 인지 행동적 기법을 사용한다. 우울감, 공황 상태 및 강박적 행동뿐 아니라 폭음이 줄어드는 결과가 나왔다. 이 방법은 캐나다와 영국에서 우수한 결과를 얻었다(콘로드 외, 2013).
4. 중독 행동을 경험하는 사람들 대다수는 사회적으로 고립되어 있거나 인적, 물적 자원이 부족한 경우가 아니라면 전문가의 지원을 필요로 하지 않는다. 첫 단계의 지원은 공동체 내에서 주어질 것이다. 한 개

인의 가장 가까운 네트워크에서 사회적 지원이 부족할 경우, 자조 집단과 12단계의 동료 집단이 중요한 역할을 할 수 있다. 이 책에 제시된 다양한 자조 방법과 이들의 장점과 단점에 관한 정보가 현명한 결정을 내리고 회복을 위한 사회적 네트워크를 찾고 구축하는 데 도움이 되기를 희망한다.

5. 전문가의 지원이 필요하지 않은 사람들의 경우, 가장 효과적인 치료는 개인의 주체성과 선택이 최대한 확실하게 보장되며 개인을 존중하면서도 자비심 있는 접근법에 기반을 두어야 한다. 신체 및 정신 의료 서비스, 사회 복지 서비스, 자원봉사 서비스가 이러한 접근법을 뒷받침하기 위해서는 적절한 수준의 기금, 숙련된 직원, 관리 시스템이 필요하다. 빈곤 지역의 서비스 시설은, 이러한 지역 사람들이 더 많은 도움을 필요로 한다는 것을 고려해 자원을 늘려야 한다.
6. 개개인의 경우, 우리의 뇌가 까다롭다는 점, 즉 우리에게는 서로 다른 여러 부분이 동시에 존재하기 때문에 서로 갈등을 일으킨다는 점을 이해하고, 중독 행동의 발달 과정을 인지하면 매 순간마다 진정으로 필

요한 것이 무엇인지에 관해 현명한 선택을 할 수 있다. 4장과 5장에서 살펴본 몇 가지 접근법에 관한 더 자세한 정보는 이 책 말미에 있는 추가자료 목록에 포함되어 있다.

7. 우리는 경제적 불평등이 중독과 정신 건강에 좋지 않은 영향을 미친다는 사실을 알고 있다. 따라서 평등을 추구하는 정책을 펼치면 여러 다양한 장애가 줄어드는 것을 보게 될 것이다. (예를 들면 영국의 '이퀄리티 트러스트Equality Trust' 재단[4]의 사업을 참조하기 바란다.) 우리는 평등하게 태어나지 않기 때문에 우리 주변의 사회적 불평등과 건강 불평등을 해결하는 것은 도움이 절실한 사람들만이 아니라 우리 모두에게 혜택을 준다.

우리 모두는 자신이 누구이고 어떻게 지금의 모습이 되었는지에 관한 이야기를 자신에게 설명한다. 중독은 나약함이나 도덕의 문제가 아니라 고난, 고립, 방향 감각 상실에 적응하는 방법을 학습한 결과이다. 그리고 자신의 상황이 특정 방식으로 기울어져 있다면 누구나 중독을 직면했을지도 모른다. 중독으로 힘들어 하는 사람들의 경우, 중독이 잘못은 아니지만 자신이 책임져야 할 일이다. 혼자 해결하는 방법이 자신에게 더 맞지 않는 한 변할 수 있는 방법을 혼자서 알아내야 할 필요는 없다. 하지만 어쨌든 변화는 가능하며, 회복 또는 지속적 성장은 생각보다 훨씬 더 흔하다는 것을 기억하자. 그리고 회복은 스스로를 뛰어넘도록 이끌 수 있다. 자신의 중독 경향을 조절하는 법을 배운 사람들은 행동 조절과 통제 관련 영역의 뇌 성장이 평균보다 높았으며, 삶의 질과 자존감의 척도에서 일반 대중보다 높은 점수를 기록했다는 것을 보여 주는 연구 결과가 있다(커널리 외, 2013; 히버트와 베스트, 2011). 중독에서의 회복은 사람을 그저 잘 지내게 만드는 수준을 넘어, 더 나은 삶을 살 수 있게 만들어 준다(베스트와 러브맨, 2012). 우리가 태어난 당시의 삶을 바꿀 수 없을지는 모르지만, 우리의 까다로운 뇌와 종종 파괴적으로 변하는 뇌의 성향을 조절하는 법은 배울 수 있을 것이다. 우리 자신과 자신의 결점에 대한 연민, 타인과의 유대, 잠재력을 모두 발휘할 수 있게 이끌어 주는 사회를 만들기 위해 우리가 헌신한다면 얼마든지 가능한 일이다.

감사의 글

나에게 이 책을 쓸 기회를 준 사이콜로지 프레스Psychology Press의 루시 케네디와 나의 원고를 읽어 준 모든 이에게 감사의 말을 전한다. 여러분의 조언과 격려를 매우 감사하게 느끼고 있다. 이 책을 쓰는 데 영감을 주고 동기를 부여해 준 많은 사람들이 있다. 그분들의 이름을 여기에 모두 일일이 열거할 수는 없지만 굳이 말하지 않아도 본인들이 잘 알고 있으리라는 생각이 든다. 숀 맥칸, 케이티 싱클레어, 그랜크 블레어, 플립 에이브야드, 레이철 크레스포-보니, 그리고 스반베르그 일가에게 특별히 감사의 마음을 전하며, 내가 기억해 내지 못한 분들에게는 사과의 말씀을 드린다. 모두 나의 부족함 때문이다.

글래스고우 중독 서비스Glasgow Addiction Service와 포스 밸리 약물 오용 서비스Fourth Valley Substance Misuse Service의 직원

들과 서비스 이용자들 모두에게 그들이 나에게 가르쳐 준 모든 것에 대해 감사를 드린다. 중독에서 회복되는 것은 머나먼 길이지만 언제나 희망은 있다.

그리고 마지막에야 언급하게 되었지만 랜스에게 크나큰 감사를 전한다.

주

04 해묵은 습관도 바꿀 수 있다

1 '현명하고 따뜻한 동료'라는 개념은 데보라 리의 '완벽한 양육자' 개념에서 나왔다. Lee, D. A. (2005). The perfect nurturer: Using imagery to develop compassion within the context of cognitive therapy. In: P. Gilbert (Ed.) *Compassion: Conceptualisations, Research and Use in Psychotherapy* . London: Brunner-Routledge.

05 배고픈 유령에게 영양 공급하기

2 소득 불평등과 그로 인한 광범위한 건강, 사회 경제적 결과와의 관계에 대한 더 자세한 정보는 '이퀄리티 트러스트' 홈페이지를 참조하기 바란다. www.equalitytrust.org.uk/

06 중독과의 전쟁 대신 사랑과 이해를

3 출처는 2017년 8월 13일 법적 제재에 관한 '약물 정책 개혁 재단' 홈페이지다. www.tdpf.org.uk/resources/legal-regulation

4 www.equalitytrest.org.uk/

추가자료

도서

Bruce Alexander (2008) *The Globalization of Addiction: A Study in Poverty of the Spirit.* Oxford: Oxford University Press.

Carl Hart (2013) *High Price: A Neuroscientist's Journey of Self-Discovery That Challenges Everything You Know About Drugs and Society.* London: Penguin Books.

Chuck Palahniuk (2001) *Choke.* New York: Anchor Books.

David Foster Wallace (1996) *Infinite Jest.* New York: Little, Brown.

David Nutt (2012) *Drugs Without the Hot Air: Minimising the Harms of Legal and Illegal Drugs.* Cambridge: UIT Cambridge.

Gabor Maté (2010) *In the Realm of the Hungry Ghosts: Close Encounters With Addiction.* Berkeley: North Atlantic Books.

Jim Orford (2013) *Power, Powerlessness and Addiction.* Cambridge: Cambridge University Press.

Johann Hari (2015) *Chasing the Scream: The First and Last Days of the War on Drugs.* London: Bloomsbury.

Maia Szalavitz (2016) *Unbroken Brain: A Revolutionary New Way of Understanding Addiction.* New York: St Martin's Press.

Marc Lewis (2011) *Memoirs of an Addicted Brain: A Neuroscientist*

Examines His Former Life on Drugs. New York: PublicAffairs.
Marc Lewis (2015) *The Biology of Desire: Why Addiction Is Not a Disease.* London: PublicAffairs.
Marya Hornbacher (1998) *Wasted: Coming Back From an Addiction to Starvation.* London: Flamingo.
Paul Gilbert (2009) *The Compassionate Mind.* London: Constable & Robinson.
Sarah Bowen, Neha Chawla and G. Alan Marlatt (2011) *Mindfulness-Based Relapse Prevention for Addictive Behaviours.* New York: Guilford Press.
Suzette Glasner-Edwards (2015) *The Addiction Recovery Skills Workbook.* Oakland, CA: New Harbinger Publications.
Valerie Mason-John and Paramabandhu Groves (2013) *Eight Step Recovery: Using the Buddha's Teachings to Overcome Addiction.* Cambridge: Windhorse.

웹사이트

www.stuartmcmillen.com/comic/rat-park/
www.memoirsofanaddictedbrain.com/blog/
www.mindfulrp.com/default.html
compassionatemind.co.uk/

참고문헌

ACMD. (2011). *Hidden Harm.* London: Advisory Council on the Misuse of Drugs Alcoholics.

Alcoholics Anonymous UK. (2017). *About Alcoholism.* [Online]. [Accessed 11 August 2017]. Available from: www.alcoholics-anonymous.org.uk/About-AA/Newcomers/About-Alcoholism.

Alexander, B. K. (2008). *The Globalization of Addiction: A Study in Poverty of the Spirit.* Oxford: Oxford University Press.

Alexander, B. K., Coambs, R. B. and Hadaway, P. F. (1978). The effect of housing and gender on morphine self-administration in rats. *Psychopharmacology,* 58(2), pp. 175-179.

American Psychiatric Association. (2013). *Diagnostic and Statistical Manual of Mental Disorders.* 5th ed. Washington, DC: American Psychiatric Association.

AMRC. (2013). *Measuring Up: The Medical Profession's Prescription for the Nation's Obesity Crisis.* London: Academy of Medical Royal Colleges.

Anda, R. F., Felitti, V. J., Walker, J., Whitfi eld, C. L., Bremner, J. D., Perry, B. D., Dube, S. R. and Giles, W. H. (2006). The enduring effects of abuse and related adverse experiences in childhood:

A convergence of evidence from neurobiology and epidemiology. *European Archives of Psychiatry and Clinical Neuroscience,* 56(3), pp. 174–186.

Anonymous. (2001). *The Big Book.* 4th ed. Alcoholics Anonymous World Services, Inc. Available from: www.aa.org/pages/en_US/alcoholics-anonymous.

ASH. (2017). *Key Dates in the History of Anti-Tobacco Campaigning.* London: Action on Smoking and Health.

Baggini, J. (2015). Do your genes determine your entire life? *Guardian.* [Online]. 19 March. [Accessed 11 August 2017]. Available from: www.theguardian.com/science/2015/mar/19/do-your-genes-determine-your-entire-life.

Bandele, A. (2016). Jay-Z: The war on drugs is an epic fail. *New York Times.* [Online]. 15 September 2016. [Accessed 10 August 2017]. Available from: www.nytimes.com/2016/09/15/opinion/jay-z-the-war-on-drugs-is-an-epic-fail.html.

Bandura, A. (1977). Self-efficacy: Toward a unifying theory of behavioural change. *Psychological Review,* 84(2), pp. 191–215.

Barlow, J., McMillan, A. S., Kirkpatrick, S., Ghate, D., Smith, M. and Barnes, J. (2008). *Health-Led Parenting Interventions in Pregnancy and Early Years.* London: Department for Children, Schools and Families.

Bauld, L., Bell, K., McCullough, L., Richardson, L. and Greaves, L. (2009). The effectiveness of NHS smoking cessation services: A systematic review. *Journal of Public Health,* 32(1), pp. 71–82.

Baumeister, R. F., Bratslavsky, E., Muraven, M. and Tice, D. M. (1998). Ego depletion: Is the active self a limited resource? *Journal of Personality and Social Psychology,* 74(5), pp. 1252–1265.

BBC Health. (2012). 'Binge-drinking gene' discovered. *BBC.* [Online]. 4 December. [Accessed 11 August 2017]. Available from: www.bbc.co.uk/news/health-20583113.

Bellis, M., Lowey, H., Leckenby, N., Hughes, K. and Harrison, D. (2014). Adverse childhood experiences: Retrospective study to determine their impact on adult health behaviours and health outcomes in a UK population. *Journal of Public Health,* 36(1), pp. 81-91.

Bem, D. J. (1972). Self-perception theory. *Advances in Experimental Social Psychology,* 6, pp. 1-62.

Berridge, K. and Kringelbach, M. L. (2008). Affective neuroscience of pleasure: Reward in humans and animals. *Psychopharmacology,* 199, pp. 457-480.

Berridge, K. and Robinson, T. E. (2016). Liking, wanting and the incentivesensitization theory of addiction. *American Psychologist,* 71(8), pp. 670-679.

Best, D. W. and Lubman, D. I. (2012). The recovery paradigm: A model of hope and change for alcohol and drug addiction. *Australian Family Physician,* 41(8), pp. 593-597.

Bowden, C. (2011). *Murder City: Ciudad Juarez and the Global Economy's New Killing Fields.* New York: Nation Books. Cited in Hari, J. (2015). *Chasing the Scream: The First and Last Days of the War on Drugs.* London: Bloomsbury.

Bowlby, J. (1969). *Attachment. Attachment and Loss: Vol. 1. Loss.* New York: Basic Books.

Breen, R. B. and Zimmerman, M. (2002). Rapid onset of pathological gambling in machine gamblers. *Journal of Gambling Studies,* 18(1), pp. 31-43.

Brion, M., Pitel, A.-L., Beaunieux, H. and Maurage, P. (2014). Revisiting the continuum hypothesis: Toward in an-depth exploration of executive functions in Korsakoff Syndrome. *Frontiers in Human Neuroscience,* 8(498), pp. 1-7.

Broks, P. (2003). *Into the Silent Land: Travels in Neuropsychology.* New York: Atlantic Books.

Brooks, P. J., Enoch, M.-A., Goldman, D., Li, T.-K. and Yokoyama, A. (2009). The alcohol flushing response: An unrecognised risk for esophageal cancer from alcohol consumption. *PLOS Medicine,* 6(3), pp. e1000050.

Buchman, D. Z. and Reiner, P. (2010). Stigma and addiction: Being and becoming. *American Journal of Bioethics,* 9(9), pp. 18-19.

CASA. (2011). *Adolescent Substance Use: America's #1 Public Health Problem.* New York: National Center on Addiction and Substance Abuse. [Online]. [Accessed 11 August 2017]. Available from: www.centeronaddiction.org/addictionresearch/reports/adolescent-substance-use-america%E2%80%99s-1-public-health-problem.

CDC. (2011). *Drug Poisoning Deaths in the United States, 1980-2008: NCHS Data Brief No. 81.* Atlanta: Centers for Disease Control and Prevention.

Chandler, M. J. and Lalonde, C. E. (2008). Cultural continuity as a protective factor against suicide in fi rst nations youth. *Horizons: A Special Issue on Aboriginal Youth, Hope or Heartbreak: Aboriginal Youth and Canada's Future,* 10(1), pp. 68-72.

Clinical Guidelines on Drug Misuse and Dependence Update, Independent Expert Working Group. (2017). *Drug Misuse and Dependence: UK Guidelines on Clinical Management.* London: Department of Health.

Connolly, C. G., Bell, R. P., Foxe, J. J. and Garavan, H. (2013).

Dissociated grey matter changes with prolonged addiction and extended abstinence in cocaine users. *PLOS ONE,* 8(3), e59645.

Conrod, P. J., O'Leary-Barrett, M., Newton, N., Topper, L., Castellanos-Ryan, N., Mackie, C. and Girard, A. (2013). Effectiveness of a selective, personalitytargeted prevention program for adolescent alcohol use and misuse: A cluster randomized controlled trial. *JAMA Psychiatry,* 70(3), pp. 334-342.

Copello, A., Orford, J., Hodgson, R., Tober, G. and Barrett, C. on behalf of the UKATT Research Team. (2002). Social behaviour and network therapy: Basic principles and early experiences. *Addictive Behaviours,* 27(3), pp. 345-366.

Copello, A., Templeton, L., Orford, J. and Velleman, R. (2010). The 5-step method: Principles and practice. *Drugs: Education, Prevention and Policy,* 17, pp. 86-99.

Corrigan, J. D., Rust, E. and Lamb-Hart, G. L. (1995). The nature and extent of substance abuse problems among persons with traumatic brain injuries. *Journal of Head Trauma Rehabilitation,* 10(3), pp. 29-45.

Crittenden, P. M. and DiLalla, D. L. (1988). Compulsive compliance: The development of an inhibitory coping strategy in infancy. *Journal of Abnormal Child Psychology,* 16(5), pp. 585-599.

Dawson, D. A., Grant, B. F., Stinson, F. S., Chou, P. S., Huang, B. and Ruan, W. J. (2005). Recovery from DSM-IV alcohol dependence: United States, 2001-2002. *Addiction,* 100, pp. 281-292.

Dillon, P. (2002). *The Much-Lamented Death of Madam Geneva: The Eighteenth-Century Gin Craze.* London: Review.

Eastwood, N., Shiner, M. and Bear, D. (2013). *The Numbers in Black and White: Ethnic Disparities in the Policing and Prosecution of Drug*

Offences in England and Wales. London: Release Publication. [Online]. [Accessed 11 August 2017]. Available from: www.release.org.uk/publications/numbers-black-and-white-ethnic-disparities-policing-and-prosecution-drug-offences.

EMCDDA. (2017a). *European Drug Report: Trends and Developments.* Luxembourg: European Monitoring Centre for Drugs and Drug Addiction.

EMCDDA. (2017b). *UK Country Drug Report.* Luxembourg: European Monitoring Centre for Drugs and Drug Addiction.

Everitt, B. J. and Robbins, T. W. (2013). From the ventral to the dorsal striatum: Devolving views of their role in drug addiction. *Neuroscience and Biobehavioural Reviews,* 37(9A), pp. 1946-1954.

FADA. (2013). *The Impact of Substance Abuse on the Child Welfare System.* Florida Alcohol and Drug Abuse Association. [Online]. [Accessed 13 August 2017]. Available from: www.fadaa.org/documents/Legislative%20Booklets/ChildWelfare.pdf.

Felitti, V. J. (2004). The origins of addiction: Evidence from the Adverse Childhood Experiences Study. *Praxis der Kinderpsychologie und Kinderpsychiatrie,* 52(8), pp. 547-559.

Fernandez-Serrano, M. J., Perez-Garcia, M. and Verdejo-Garcia, A. (2011). What are the specific vs. generalised effects of drugs of abuse on neuropsychological performance? *Neuroscience and Biobehavioural Reviews,* 35, pp. 377-406.

Ferri, M., Amato, L. and Davoli, M. (2006). Alcoholics Anonymous and other 12-step programmes for alcohol dependence. *Cochrane Database of Systematic Reviews,* Issue 3.

Foster, J. (2000). Social exclusion, crime and drugs. *Drugs: Education, Prevention and Policy,* 7(4), pp. 317-330.

Galea, S. and Vlakov, D. (2002). Social determinants and the health of drug users: Socioeconomic status, homelessness and incarceration. *Public Health Reports,* 117(1), pp. S135–S145.

Gander, K. (2014). Being lazy could be genetic say scientists. *Independent.* 14 February. [Accessed 11 August 2017]. Available from: www.independent.co.uk/news/science/being-lazy-could-be-genetic-say-scientists-9128595.

Gielen, N., Havermans, R. C., Tekelenburg, M. and Jansen, A. (2012). Prevalence of post-traumatic stress disorder among patients with substance use disorder: It is higher than clinicians think it is. *European Journal of Psychotraumatology,* 3(17734), pp. 1–9.

Goldstein, R. Z. and Volkow, N. D. (2011). Dysfunction of the prefrontal cortex in addiction: Neuroimaging findings and clinical implications. *Nature Reviews Neuroscience,* 12, pp. 652–669.

Gutteridge, N. (2015). Unbe-cheese-able! Shock as scientists say cheese is as addictive as CRACK COCAINE. *Express.* [Online]. [Accessed 11 August 2017]. Available from: www.express.co.uk/news/science/614192/Scientists-cheese-addictive-crack-cocaine-dairy-study-obesity-crisis.

Guttmannova, K., Lee, C. M., Kilmer, J. R., Fleming, C. B., Rhew, I. C., Kosterman, R. and Larimer, M. E. (2016). Impacts of changing marijuana policies on alcohol use in the United States. *Alcoholism: Clinical and Experimental Research,* 40(1), pp. 33–46.

Hari, J. (2015). *Chasing the Scream: The First and Last Days of the War on Drugs.* London: Bloomsbury.

Hart, C. (2013a). *High Price: A Neuroscientist's Journey of Self-Discovery that Challenges Everything You Know About Drugs and Society.* London: Penguin Books.

Hart, C. (2013b). *High Price: Drugs, Neuroscience and Discovering Myself.* London: Penguin Books.

Hartogsohn, I. (2016). Set and setting, psychedelics and the placebo response: An extra-pharmacological perspective on psychopharmacology. *Journal of Psychopharmacology,* 30(12), pp. 1259-1267.

Hartogsohn, I. (2017). Constructing drug effects: A history of set and setting. *Drug Science, Policy and Law,* 3, pp. 1-17.

Hawkes, N. (2011). Highs and lows of drug decriminalisation. *British Medical Journal,* 343, d6881.

Heath, D. B. (1998). Cultural variations among drinking patterns. In: M. Grant and J. Litvak, eds. *Drinking Patterns and their Consequences.* Washington, DC: Taylor & Francis.

Heather, N. (2017). On defining addiction. In: N. Heather and G. Segal, eds. *Addiction and Choice: Rethinking the Relationship*. Oxford: Oxford University Press.

Hebb, D. (1949). *The Organization of Behavior.* New York: Wiley & Sons.

Heyman, G. M. (2013). Addiction and choice: Theory and new data. *Frontiers in Psychiatry,* 4, pp. 1-5.

Hibbert, L. and Best, D. (2011). Assessing recovery and functioning in former problem drinkers at different stages of their recovery journeys. *Drug and Alcohol Review,* 30, pp. 12-20.

Home Office. (2014). *Drugs: International Comparators.* London: Home Office.

Home Office. (2015). *Drug Misuse: Findings From the 2014/2015 Crime Survey for England and Wales.* 2nd ed. London: Home Office.

Human Rights Watch. (2009). *Decades of Disparity: Drug Arrests and*

Race in the United States. [Online]. [Accessed 11 August 2017]. Available from: www.hrw.org/sites/default/files/reports/us0309web_1.pdf.

Kellerman, N. P. (2013). Epigenetic transmission of Holocaust trauma: Can nightmares be inherited? *Israel Journal of Psychiatry and Related Sciences,* 50(1), pp. 33-39.

Kellogg, S. H. (2003). On 'Gradualism' and the building of the harm reductionabstinence continuum. *Journal of Substance Abuse Treatment,* 25, pp. 241-247.

Kellogg, S. H. (2016). Addiction Treatment should be the work of liberation - But what does such a model look like? *Influence.* [Online]. 24 August. [Accessed 9 August 2017]. Available from: http://theinfluence.org/addiction-treatment-should-be-the-work-of-liberation-but-what-does-such-a-model-look-like/.

Khantzian, E. J. (1985). The self-medication hypothesis of addictive disorders: Focus on heroin and cocaine dependence. *American Journal of Psychiatry,* 142(11), pp. 1259-1264.

Kine, P. (2017). *The Philippines' Duterte Incites Vigilante Violence.* New York: Human Rights Watch. [Online]. [Accessed 11 August 2017]. Available from: www.hrw.org/news/2017/04/19/philippines-duterte-incites-vigilante-violence.

Kopelman, M. D., Thomson, A., Guerrini, I. and Marshall, E. J. (2009). The Korsakoff Syndrome: Clinical aspects, psychology and treatment. *Alcohol & Alcoholism,* 44(2), pp. 148-154.

Kroll, D. (2003). Living with an elephant: Growing up with parental substance misuse. *Child and Family Social Work,* 9, pp. 129-140.

Lambie, I. and Randell, I. (2013). The impact of incarceration on juvenile offenders. *Clinical Psychology Review,* 33, pp. 448-459.

Larimer, M. E. (2015). Impacts of changing marijuana policies on alcohol use in the United States. *Alcoholism: Clinical and Experimental Research,* 40(1), pp. 33-46.

Lewis, M. (2015). *The Biology of Desire: Why Addiction Is Not a Disease.* London: Scribe.

Litt, M., Kadden, R., Kabela-Cormier, E. and Petry, N. (2007). Changing network support for drinking: Initial findings from the network support project. *Journal of Consulting and Clinical Psychology,* 75, pp. 542-555.

Lopez-Quintero, C., Hasin, D. H., de los Cobos, J. P., Pines, A., Want, S., Grant, B. F. and Blanco, C. (2011). Probability and predictors of remission from lifetime nicotine, alcohol, cannabis or cocaine dependence: Results from the National Epidemiologic Survey on Alcohol and Related Conditions. *Addiction,* 106(3), pp. 657-669.

Luby, J., Belden, A., Botteron, K., Marrus, N., Harms, M. P., Babb, C., Nishino, T. and Barch, D. (2013). The effects of poverty on childhood brain development: The mediating effect of caregiving and stressful life events. *JAMA Pediatrics,* 167(12), pp. 1135-1142.

Manning, V., Best, D. W., Faulkner, N. and Titherington, E. (2009). New estimates of the number of children living with substance misusing parents: Results from UK national household surveys. *Biomed Central Public Health,* 9, p. 377.

Marlatt, G. A. (2002). Buddhist philosophy and the treatment of addictive behaviour. *Cognitive and Behavioural Practice,* 9, pp. 44-50.

Marmot, M. G. (2006). Status Syndrome: A challenge to medicine. *JAMA,* 295(11), pp. 1304-1307.

Maslow, A. H. (1943). A theory of human motivation. *Psychological*

Review, 50(4), pp. 370–396.

Masson, J. M., ed. (1985). *The Complete Letters of Sigmund Freud to Wilhelm Fliess, 1887-1904.* Cambridge: Harvard University Press. Quote taken from Freud's letter to Wilhelm Fleiss, 22 December 1897. [Excerpts online]. [Accessed 23 October 2016]. Available from: www3.haverford.edu/psychology/ddavis/ffliess.html.

Maté, G. (2010). *In the Realm of Hungry Ghosts: Close Encounters With Addiction.* Berkeley, CA: North Atlantic Books.

Meyers, R. J., Miller, W. R., Hill, D. E. and Tonigan, J. S. (1999). Community Reinforcement and Family Training (CRAFT): Engaging unmotivated drug users in treatment. *Journal of Substance Abuse,* 10(3), pp. 291–308.

Michalak, L., Trocki, K. and Bond, J. (2007). Religion and alcohol in the US National Alcohol Survey: How important is religion for abstention and drinking? *Drug and Alcohol Dependence,* 87(2–3), pp. 268–280.

Miller, W. R. and Rollnick, S. (2013). *Motivational Interviewing: Helping People Change.* 3rd ed. New York: Guilford Press.

Miron, J. (1999). *Violence and US Prohibitions of Drugs and Alcohol.* Cambridge: National Bureau of Economic Research. [Online]. [Accessed 13 August 2017]. Available from: www.nber.org/papers/w6950.pdf.

Mischel, W., Shoda, Y. and Rodriguez, M. L. (1989). Delay of gratification in children. *Science,* 244(4907), pp. 933–938.

Mitcheson, L., Maslin, J., Meynen, T., Morrison, T., Hill, R. and Wanigaratne, S. (2010). *Applied Cognitive and Behavioural Approaches to the Treatment of Addiction.* West Sussex: John Wiley & Sons.

Musto, D. (1999). *The American Disease: Origins of Narcotics Control.* Oxford: Oxford University Press.

Nevis, E. C., ed. (2000). *Gestalt Therapy: Perspectives and Applications.* Cambridge, MA: GestaltPress.

NTA. (2010). *Psychosocial Interventions for Drug Misuse.* London: National Treatment Agency.

Nutt, D., King, L. A. and Phillips, L. D. on behalf of the Independent Scientific Committee on Drugs. (2010). Drug harms in the UK: A multicriterion decision analysis. *Lancet,* 376(9752), pp. 1558-1565.

Olds, D. L., Eckenrode, J., Henderson, C. R., Kitzman, H., Powers, J., Cole, R., Sidora, K., Morris, P., Pettitt, L. M. and Luckey, D. (1997). Long-term effects of home visitation on maternal life course and child abuse and neglect. Fifteen-year follow-up of a randomized trial. *JAMA: The Journal of the American Medical Association,* 278(8), pp. 637-643.

ONS. (2016). *Smoking Habits in the UK.* London: Office for National Statistics.

Orford, J., Copello, A., Velleman, R. and Templeton, L. (2010). Family members affected by a close relative's addiction: The stress-strain-copingsupport model. *Drugs: Education, Prevention and Policy,* 17(Supplement 1), pp. 36-43.

Orford, J., Velleman, R., Natera, G., Templeton, L. and Copello, A. (2013). Addiction in the family is a major but neglected contributor to the global burden of adult ill-health. *Social Science and Medicine,* 78, pp. 70-77.

Peele, S., Brodsky, A. and Arnold, M. (1992). *The Truth About Addiction and Recovery.* New York: Simon & Schuster. [Online]. [Accessed 13

August 2017]. Available from: www.peele.net/lib/truth_1.html.
Petry, N. (2000). A comprehensive guide to the application of contingency management procedures in clinical settings. *Drug and Alcohol Dependence,* 58, pp. 9-25.
PHE. (2014). *Alcohol and Drugs Prevention, Treatment and Recovery: Why Invest?* London: Public Health England.
Rehm, J., Samokhvalov, A. V. and Shield, K. D. (2013). Global burden of alcoholic liver diseases. *Journal of Hepatology,* 59(1), pp. 160-168.
Rogers, C. (1961). *On Becoming a Person: A Therapist's View of Psychotherapy.* London: Constable.
Ryan, F. (2013). *Cognitive Therapy for Addiction.* West Sussex: John Wiley & Sons.
Saggers, S. and Gray, D. (1998). *Dealing With Alcohol: Indigenous Usage in Australia, New Zealand and Canada.* Melbourne: Cambridge University Press.
Scottish Government. (2008). *The Road to Recovery.* Edinburgh: Scottish Government.
Seligman, M. (2002). *Authentic Happiness.* New York: Atria Books.
The Sentencing Project. (2013). *Report of the Sentencing Project to the United Nations Human Rights Committee.* Washington, DC: The Sentencing Project. [Online]. [Accessed 14 August 2017]. Available from: www.sentencingproject.org/publications/shadow-report-to-the-united-nations-human-rights-committee-regarding-racial-disparities-in-the-united-states-criminal-justice-system.
Sessa, B. and Nutt, D. (2015). Making a medicine out of MDMA. *British Journal of Psychiatry,* 206(1), pp. 4-6.
Shaffer, H. (1984). Uber coca: Freud's cocaine discoveries. *Journal of Substance Abuse Treatment,* 1(3), pp. 205-217.

Shulte, E., Avena, N. M. and Gearhardt, A. N. (2015). Which foods may be addictive? The roles of processing, fat content and glycemic load. *PLOS ONE,* 10(2), pp. 1-18.

Smith, D. G. and Robbins, T. W. (2013). The neurobiological underpinnings of obesity and binge eating: A rationale for adopting the food addiction model. *Biological Psychiatry,* 73(9), pp. 804-810.

Smith, J. E., Meyers, R. J. and Miller, W. R. (2001). The Community Reinforcement Approach to the treatment of substance use disorders. *American Journal on Addictions,* 10(1), pp. 51-59.

Standing, G. (2015). The precariat and class struggle. *Revista Crítica de Ciências Sociais Annual Review,* 7, pp. 3-16.

Stevens, A. and Hughes, C. E. (2012). A resounding success or a disastrous failure: Re-examining the interpretation of evidence on the Portuguese decriminalisation of illicit drugs. *Drug and Alcohol Review,* 31(1), pp. 101-113.

Szalavitz, M. (2015). Genetics: No more addictive personality. *Nature,* 522(7557), pp. 48-49.

Szalavitz, M. (2016). *Unbroken Brain: A Revolutionary New Way of Understanding Addiction.* New York: St Martin's Press.

Szalavitz, M. and Perry, B. (2010). *Born for Love: Why Empathy Is Essential, and Endangered.* New York: HarperCollins.

Tatarsky, A. (2003). Harm reduction psychotherapy: Extending the reach of traditional substance use treatment. *Journal of Substance Abuse Treatment,* 25, pp. 249-256.

TDPF. (2009) *After the War on Drugs: Blueprint for Regulation.* Bristol: Transform Drug Policy Foundation.

Thich Nhat Han. (2007). *Two Treasures: Buddhist Teachings on Awakening to True Happiness.* Berkeley, CA: Parallax Press.

Treback, A. S., Zeese, K. B. and Friedman, M. (1992). *Friedman and Szasz on Liberty and Drugs: Essays on the Free Market and Prohibition.* Washington, DC: Drug Policy Foundation Press.

UKDPC. (2012). *A Fresh Approach to Drugs.* London: UK Drug Policy Commission. [Online]. [Accessed 23 August 2017]. Available from: www.ukdpc.org.uk/wp-content/uploads/a-fresh-approach-to-drugs-the-final-report-of-the-uk-drug-policy-commission.pdf.

UK Drug Policy Commission Recovery Consensus Group. (2008). *A Vision of Recovery.* London: UKDPC.

UK Smart Recovery. (2016). Information available from: www.smartrecovery.org.uk.

UNODC. (2015). *World Drug Report.* Vienna: UN Office on Drugs and Crime. [Online]. [Accessed 11 August 2017]. Available from: www.unodc.org/documents/wdr2015/WDR15_Drug_use_health_consequences.pdf.

UNODC. (2016). *World Drug Report.* Vienna: UN Office on Drugs and Crime.

UNODC. (2017). *World Drug Report.* United Nations. [Online]. [Accessed 11 August 2017]. Available from: www.unodc.org/wdr2017/field/Booklet_1_EXSUM.pdf.

Villettaz, P., Gilliéron, G. and Killias, M. (2014). *The Effects on Re-offending of Custodial Versus Non-Custodial Sanctions.* Stockholm: Swedish Council for Crime Prevention.

Waldorf, D. and Biernacki, P. (1981). The natural recovery from opiate addiction: Some preliminary findings. *Journal of Drug Issues,* 11(1), pp. 61-74.

Weaver, T., Madden, P., Charles, V., Stimson, G., Renton, A., Tyrer, P., Barnes, T., Bench, C., Middleton, H., Wright, N., Paterson, S.,

Shanahan, W., Seivewright, N. and Ford, C. (2003). Comorbidity of substance misuse and mental illness in community mental health and substance misuse services. *British Journal of Psychiatry,* 183, pp. 304-313.

West, R. and Brown, J. (2013). *Theory of Addiction.* 2nd ed. Oxford: Wiley Blackwell.

White, W. L. (1996). *Pathways: From the Culture of Addiction to the Culture of Recovery.* 2nd ed. Center City, MN: Hazelden.

White, W. L. (2009). Executive summary, peer-based addiction recovery support: History, theory, practice, and scientifi c evaluation. *Counselor,* 10(5), pp. 54-59.

White, W. L. and Cloud, W. (2008). Recovery capital: A primer for addictions professionals. *Counselor,* 9(5), pp. 22-27.

WHO. (1992). *The ICD-10 Classification of Mental and Behavioural Disorders: Clinical Descriptions and Diagnostic Guidelines.* Geneva: World Health Organization.

WHO. (2014). *Global Status Report on Alcohol and Health.* Geneva: World Health Organization.

WHO/UN Joint Statement. (2017). *Joint United Nations Statement on Ending Discrimination in Health Care Settings.* 27th June. World Health Organization/United Nations. [Online]. [Accessed 13 August 2017]. Available from: www.who.int/mediacentre/news/statements/2017/discrimination-in-health-care/en/.

Wilens, T. E., Faraone, S. V., Biederman, J. and Gunawardene, S. (2003). Does stimulant therapy of attention-deficit/hyperactivity disorder beget later substance abuse? A meta-analytic review of the literature. *Pediatrics,* 111, pp. 179-185.

Witkiewitz, K. and Marlatt, G. A. (2004). Relapse prevention for alcohol and drug problems: That was Zen, this is Tao. *American Psychologist,* 59(4), pp. 224-235.

Wodak, A. (1994). Olympian ideas or pragmatism. *Addiction,* 89, pp. 803-804.

Young, J., Klosko, J. and Weishaar, M. E. (2003). *Schema Therapy: A Practitioner's Guide.* New York: Guilford Press.

Zernig, G., Kummer, K. K. and Prast, J. M. (2013). Dyadic social interaction as an alternative reward to cocaine. *Frontiers in Psychiatry,* 4(100), pp. 1-5.

Zinberg, N. E. (1984). *Drug, Set and Setting: The Basis for Controlled Intoxicant Use.* New Haven, CT: Yale University Press.

Zubrick, S. R., Lawrence, D., Silburn, S. R., Blair, E., Milroy, H., Wilkes, T., Eades, S., D'Antoine, H., Read, A., Ishiguchi, P. and Doyle, S. (2004). *The Western Australian Aboriginal Child Health Survey: The Health of Aboriginal Children and Young People.* vol. 1. Perth: Telethon Institute for Child Health Research.